太極無窮

석정 김동식 장군 창의 백주년 기념

민족 정기 선양 시집

勳老 徐正淇先生 儒敎大全

卷29 詩

太極無窮

석정 김동식 장군 창의 백주년 기념

민족 정기 선양 시집

서정기 엮음

KSI 한국학술정보[주]

석정 김동식 상군 초상

항일 독립전쟁의 영웅
석정 김동식 장군 창의 백 주년 기념

서시(序詩)

황천상제(皇天上帝: 전체 하늘의 윗 하느님)가 천지를 창조할제
사랑과 정의로 가득 차게 했나니
하늘은 높아 덮지 않음이 없고
땅은 낮아 싣지 않음이 없으므로
만물이 흩어져 모두 제자리를 얻어서
각각 짝을 지어 쾌활하게 살거늘
음양이 서로 뿌리가 되어 5행(五行)을 끌어안고
태극을 경영하니 지극히 착하고 아름다워라

천종제(天宗帝: 시간을 관장하는 하느님)가 천기(天機: 하늘기틀)
를 운전하여
봄 여름 가을 겨울 네 철을 돌리고
신농제(神農帝: 먹이를 관장하는 하느님)는 농사를 지도하여
5곡백과(五穀百果)의 식량을 생산하니
흐르는 세월 속에 만물이 각각 본질 속성을 이루며
모두 함께 생성 변화하거늘
대동태평(大同太平)의 화합세계 노래하는
즐거운 낙원이로다

5방천제(五方天帝: 다섯 방면의 하느님)가 1년의 사업을 분담하여
원형리정(元亨利貞)으로 지도하나니
동천제(東天帝: 동쪽 하느님)는 봄에 사랑의 씨앗을 싹틔우고

남천제(南天帝: 남쪽 하느님)는 여름에 예절의 꽃을 피우고
서천제(西天帝: 서쪽 하느님)는 가을에 정의의 결실을 맺고
북천제(北天帝: 북쪽 하느님)는 겨울에 지혜의 뿌리를 저장하고
중천제(中天帝: 가운데 하느님)는 춘분, 하지, 추분, 동지에
믿음의 줄기를 바르게 고루도다

인간은 만물의 영장으로 태어나서
천명(天命)을 받아 천하국가를 경영하나니
천덕왕도(天德王道)로 하늘 받들어
억조만민(億兆萬民)을 융성하게 다스리면 화평세계 되거니와
무력술수(武力術數)로 패권(覇權)을 다투며
약육강식(弱肉強食)하여 혼란이 벌어지면
하늘이 진노(震怒)하여 재앙을 내리고
귀신이 저주하며 사람이 원망하도다

우리나라는 단군왕검이 고조선을 개국하여
고대에는 신선국, 중고에는 군자국을 건설했나니
근세에 임진왜란, 병자호란 거듭 겪었어도
효종(孝宗)대왕의 북벌(北伐)정신 받들고
송자학(宋子學)의 춘추대의(春秋大義) 세워
성학(聖學)의 도통(道統)을 뚜렷이 이은 인간윤리 밝히면서
설치복수(雪恥復讐), 멸청복명(滅淸復明)의 국시는
동방예의지국의 300년을 관통하는 역사의 주제였지

아, 19세기 말 구미 열강의 제국주의가
5대양 6대주를 누비며 식민지 쟁탈전을 할 때
일본도 이에 편승하여 무력과 술수로
임진왜란 이후 300년에 다시 침략의 야욕을 품고
청 · 일 전쟁, 러 · 일 전쟁을 차례로 일으키며
호시탐탐 기회만 노리다가
영 · 일 동맹, 미 · 일 밀약을 체결한 다음
대한제국(大韓帝國)의 신성한 강토를 유린하였네

병인양요(서기 1866)에 양헌수 장군은
정족산성에서 프랑스 극동함대 격파했고
신미양요(서기 1871)에 어재연 장군은
광성보에서 미국 태평양 함대를 물리쳤는데
을해(서기 1875)년에 운양호 격퇴사건으로
병자 한 · 일 수호조약을 맺었더니
일본이 을미사변(서기 1895)을 일으켜 국모(國母)를 시해하매
유인석 장군이 원수를 갚으려고 8도 의병을 모았도다

급기야 이등박문이 5적(五賊)을 협박하여
을사늑약(서기 1905)으로 외교권을 겁탈하자
전 국민이 봉기하여 규탄함에 홍만식(洪萬植), 조병세(趙秉世),
민영환(閔泳煥), 김봉학(金奉學), 이상철(李相哲), 송병선(宋秉璿)
열사가 순절했네

다음 해엔 민종식(閔宗植) 장군이 홍주에서 의병을 일으키고
최익현 장군은 일본의 16개 대죄(大罪)를 규탄하며
호남에서 의병을 일으켰다가 순창에서 체포되어
대마도로 잡혀가니 굶어서 순절하였소

하늘땅이 뒤바뀌어 주인이 노예가 된 한겨레
해와 달도 빛을 잃어 캄캄한 세상에
물귀신처럼 속임수를 쓰니 얼이 빠지고
낮도깨비처럼 유혹하니 넋이 나간 역적을 앞잡이로 삼아
성인(聖人)의 도덕을 비난하고
인간의 윤리를 파괴하며 대일본제국의 부푼 꿈속에
하늘이 분노하여 재앙을 내려도 외면하고
귀신이 저주하여 환란이 거듭해도 반성하지 못하자

일본의 진정한 유림(儒林) 서판풍(西板豊)과
청(淸)나라 유림 반종례(潘宗禮)가 아시아를 사랑하여
용감하게 서울에 와서 한·청·일 3국 협력론을 역설하며
차례로 보신각(普信閣)에서 뛰어내려 자결(自決) 하였거늘
이준 열사와 이상설 의사의 헤이그 밀사사건을 빌미로
고종은 퇴위시키고 꼭두각시 임금 순종을 세워
또다시 정미7늑약을 강행하여 군대까지 해산하고
이등박문이 자칭통감(自稱統監) 되었다네

어찌 당당한 한겨레가 수치를 모르고
나라를 빼앗긴 망국노(亡國奴) 되랴
사는 것이 죽는 것만 못한 세상
앉아서 죽느니 차라리 일어나서 싸우자
10만의 산림학자양반(山林學者兩班)과
110만의 유생(儒生)이 일치단결하여
대한독립의 태극기를 높이 들고
연 14만의 대한민군(民軍)을 창의(倡義)했도다

석정 김동식 장군은 3촌(三村: 桑村, 厖村, 陽村)의 후예로
아들 봉환(鳳煥)과 함께 정미년(서기1907) 8월 20일
안성에서 창의(倡義)하여 지리산에 웅거하며 고광순(高光洵), 이석용(李錫庸)장군과 연합하고 기삼연(奇三淵), 전해산(全海山),
김태원(金泰元) 심남일(沈南一), 강무경(姜武京), 안진사(安進士)
이학사(李學士) 의병대장들과 연대하여
일본군 남부수비대를 연일 타격하여
호남을 해방하는 빛나는 전공을 세웠노나

한편 서울로 총진군하여 5적을 처단하고
통감부를 격파하려는 의병대장이 있어
즉각 13도 민군 원수부(元首府)를 설치하여
총공세의 진영을 편성했나니

총대장(總大將)은 이인영이요 군사장은 허위인데
대장(大將)은 이강년, 민긍호, 박정빈, 권의희
방인관, 정봉준, 문태수로세 이름 높은 장수들이
한번 나타났다 하면 왜군이 벌벌 떨었다오

두 번에 걸쳐 서울진공작전을 펼쳤거늘
기밀이 누설하여 왜군의 대비가 있으므로
부득이 철수해서 각 지방으로 돌아가
토벌전을 열렬히 수행하다가
이인영(李麟榮), 허위(許蔿), 이강년(李康秊) 장군이 포로로 잡혀
서울 형무소에서 당치않은 내란죄로 사형을 당한대
서대문형무소 아래 천연정(天然亭)의 붉은 연못에서
하얀 연꽃 세 송이가 피었다오

기유년(서기1909) 10월에 간도독립군 좌익장 안중근(安重根) 중장(中將)이
하얼빈에서 이등박문을 총살한대
일본군은 더욱 잔혹한 보복 살육전을 전개하며
친일파와 일진회를 동원하고 정탐군 변장대를 투입하여
소위 남한대토벌작전을 벌여 산야촌락을 이 잡듯이 뒤지며
무고한 양민까지 닥치는 대로 학살하니
110여 명의 의병장과 1만여 명의 민군이 전사하거나 포로가 됨에
김봉환(金鳳煥)의병장도 무안전투에서 포로가 되었소

경술년(서기1910) 8월 일본 군주가
소위 한일합방조서를 발표하고
소위 조선총독부를 설치하는 데 이르니
우리 민군이 3년에 걸쳐 3천여 회를 싸우며
17,779명의 의병이 전사했음에도
일본이 더욱 무자비하게 압살하므로
황현(黃玹)은 항일독립전쟁의 희소식을 후세에 전하려고
매천야록(梅泉野錄)을 써놓고 자결하였소

해외로 망명하고 사방으로 떠돌면서
생존의 한계에 이른 민심을 어찌 하리오
그해 12월 27일 김동식 장군은 결심하고
머리를 바위에 쳐서 장렬하게 순국했나니
지리산에서 3년 동안 왜적을 토벌한
한국독립전쟁의 선구자요 500년 선비정신의 귀감이고
필승의 전략을 구사하는 승리의 상징이며
장렬한 민족정기를 드높인 민족의 영웅이로다

이로써 우리는 떳떳하게 기미년 3.1 독립만세를 부르고
하늘땅을 바로 쳐다볼 수 있었으며
우리 역사를 자랑스럽게 이야기하고
천지의 도덕을 밝혀 큰소리로 민족자주를 주장할 수 있나니
아, 하늘이 어찌 역천패도(逆天悖道)를 오래 날뛰게 하며

아, 사람이 어찌 불인불의(不仁不義)를 오래 두리오
태평양 전쟁에서 미·소 연합군의 승리로 드디어 일본이 패망하고
을유광복을 맞아 3천만 겨레가 40년 만에 다시 살아났도다.

을유년(서기 1945) 8월 15일 감격스러운 해방의 환호 속에
미·소가 38선을 그어놓고 국토를 분단하니
1950년 6·25 동란이 일어나서 동족상잔의 비극을 연출하여
중국과 소련은 김일성 정권을 방조하고
미국과 국제연합은 이승만 정권에 공조하여
남정북벌(南征北伐)을 거듭하며 3년을 싸운 뒤에
금수강산이 잿더미로 변한 폐허 속에
4백여만의 주검을 묻어놓고 휴전이 되었다오

밤낮으로 영혼을 찾는 슬픈 통곡소리 진동하고
사방으로 흩어진 이산가족(離散家族) 헤매는데
이승만 독재가 친일파를 단죄하지 않고 장기집권을 획책한대
1960년 4·19학생혁명으로 자유당 독재 타도했나니
다음 해에 5·16 쿠데타로 박정희 군사독재의 등장으로
친일파 잔당들이 다시 득세하여 18년 흘러가고
5·18 광주학살사건을 일으켜 전두환·노태우 군사독재가 또 14년이여
UN군 사령부의 작전통제권 아래 흘러간 57년일세

그래도 세계 속에 한국 문화를 주장하고
새 시대를 열망하는 양심 세력 남아 있어
시대의 본질적 가치를 실현하기 위해
갑오농민전쟁, 항일독립전쟁, 3 · 1운동
4 · 19혁명, 5 · 18광주민주항쟁으로 이어지는 역사정신 고취하고
이제 항일독립전쟁의 민군 창의(倡義) 100주년을 맞이하여
사문(斯文)의 원로대가(元老大家)와 중진석사(重鎭碩士) 및 각계의 민중이
민족정기를 선양하는 웅장한 글월을 엮었도다

겨레의 뜻을 모은 송시집을 거룩한 민족영웅
석정 김동식 장군의 영전(靈前)에 바치오니
조국이 통일하는 날 억만 년의 영광을
겨레와 함께 누리리로다

2007년 8월 20일
동양문화연구소 소장 서정기 지음

목 차

7 | 항일 독립전쟁의 영웅 석정 김동식 장군 창의 백 주년 기념 서시
23 | 民族正氣宣揚 讚詩集 發刊通知文
25 | 일러두기
27 | 간행위원명단

제1부 글씨와 그림 / 29

30 | 석정 김동식 장군 창의격문 / 서정기
31 | 의암 류인석 의병대장 우국시 / 김기원
32 | 면암 최익현선생 토왜궐기시 / 오문복
33 | 이석용 장군 토왜시 / 김배선
34 | 김태원 의병대장 거의시 / 서정기
35 | 심남일 장군 정미거의시 유감시 / 김용백
36 | 안중근 장군 입지출향시 / 오창림
37 | 이석용 장군 진중시 / 이상만
38 | 정직환 의병대장 절명시 / 김남주
39 | 안중근 장군 하얼빈가 / 김승선
40 | 정재건 열사 경술순절서사 / 이헌순
41 | 충의구국 / 성규만
42 | 백주년기념시 / 최재윤
43 | 우국공훈 / 허복만
44 | 창의백주년기념시 / 소병창
45 | 살신성의 / 류우형
46 | 난초와 대나무그림 / 류우형
47 | 창의백주년기념시 / 민두식
48 | 백주년추모시 / 남중우
49 | 창의백주년기념시 / 윤원섭

50 | 창의백주년기념서시 / 이병근
51 | 석정장군무공만년 / 최병권

第2부 시와 시조 / 53

54 | 백 년 한(百年恨) 4수 / 김소화
58 | 김동식 장군 3대 충혼을 봉모함 / 이창환
60 | 지리산 수호신 / 정태진
61 | 지리산 상봉에 태극기 높이 달고 / 박찬요
62 | 추 모 / 남중우
63 | "의병의 노래" / 유선종
64 | 석정 김동식 장군 창의 찬가 / 최성종
66 | 김동식 장군 창의 100주년 기념식 / 김홍열
69 | 어화 우리 장사들아 격중가를 불러보세 / 김무진
71 | 길이 보전하세 / 김홍석
72 | 빛나는 민족의 선구자 / 윤석철
73 | 금수강산에 태극기 휘날리네 / 손자룡
74 | 영원토록 잊지 못하리 / 이창신
75 | 대한민군의 혼이여 / 서동평
76 | 위대한 김동식 장군을 추모하며 / 김인호
81 | 항일 독립전쟁의 영웅 김동식 장군 / 윤병희
83 | 산림학자양반 있었네 / 이상만
85 | 忠魂의 情 / 황문범
86 | 忠義德은 시대를 초월하니 / 김용백

第3부 한시(漢詩) / 89

90 | 우리 동방에 으뜸 / 김중석
91 | 위대한 절의 영원토록 / 오문복
92 | 백 주년 추모행사 빛나네 / 유상렬
93 | 항일전쟁의 으뜸 / 소병돈
94 | 독립전쟁의 용맹한 자세 / 송태복

95 | 열사의 충혼(忠魂) 3수 / 성병달
98 | 적군을 섬멸하시다 / 정상호
99 | 안성(安城)의 영웅 / 김구현
100 | 호남을 수호하시다 / 최규봉
101 | 항일정신(抗日精神)의 표본 / 정충락
102 | 항일전쟁의 귀감 / 서태수
103 | 모두 함께 생각해 보세 / 안병찬
104 | 탁연하게 뛰어난 업적 / 이병근
105 | 천추에 빛나리 / 제명수
106 | 사당을 모시고 비석을 세우자 / 류우형
107 | 적군을 쳐 부신 웅장한 용기 / 이량구
108 | 해와 별같이 찬연한 자취 / 최병권
109 | 영웅은 원통하게 가셨네 / 우영도
110 | 개선군의 깃발 / 신보선
111 | 지리산(智異山)에서 생각하네 / 윤홍수
112 | 백일관충(白日貫忠) / 김명수
113 | 장렬하게 왜적을 섬멸하셨네 / 성태도
114 | 혁혁하게 빛나는 훈공(勳功) / 성환복
115 | 천장지구(天長地久) / 성규만
116 | 항왜의용(抗倭義勇) / 김종관
117 | 국란 시에 태어나서 / 한상준
118 | 꽃다운 이름 영원하리 / 김영수
119 | 가증스러운 5적(五賊) / 김택춘
120 | 문무겸비(文武兼備) / 김상원
121 | 조국통일로 기리자 2수 / 이계익
123 | 태극기 드높이 / 송종학
124 | 목우즐풍(沐雨櫛風) / 윤원섭
125 | 유생(儒生)과 농민이 봉기하여 / 권중한
126 | 항일전쟁의 영웅 / 김기헌
127 | 충렬(忠烈)의 붉은 마음 / 권영식
128 | 전국 유림이 경앙(景仰)함 / 유길식

129 | 우리나라 예의(禮義)벼리 / 오룡근
130 | 정기선양(正氣宣揚) / 조교환
131 | 대장부의 충정 / 최균도
132 | 위정척사(衛正斥邪) 3수 / 서정기
135 | 높은 산이어라 / 이룡래
136 | 높은 공을 우러러 사모하며 / 이영구
137 | 장군의 위대한 공적 / 김종구
138 | 충혼불후(忠魂不朽) / 최병선
139 | 호남해방(湖南解放) / 문도한
140 | 사당을 지어 춘추향사(春秋享祀)하세 / 권재흥
141 | 영원히 추모하리 / 김재덕
142 | 교훈으로 전해아 / 오렴수
143 | 천하영웅(天下英雄) / 박종환
144 | 생명을 버리고 정의를 쟁취했네 / 이대렬
145 | 독립전쟁 / 허복만
146 | 3한(三韓)을 수호하시다 / 오광근
147 | 호남을 지킨 공적 / 소병창
148 | 천추에 빛나는 공적 2수 / 배순조
150 | 역사책이 깨끗하네 / 이유길
151 | 역사의 교훈 / 장상윤
152 | 순국(殉國)한 가문(家門) / 성달영
153 | 만고에 빛나네 / 남중락
154 | 충혼만세(忠魂萬歲) / 박종원
155 | 겨레를 사랑하는 정신 / 남상수
156 | 백세(百世)의 스승 / 김식환
157 | 온 세상 사람이 추모하네 / 류기찬
158 | 빛나는 영웅으로 / 고병덕
159 | 나라를 수호하는 웅대한 전략 / 박일순
160 | 청사(靑史)에 빛나는 비명(碑銘) / 남종술
161 | 왜노(倭奴) 격퇴 2수 / 배연우
163 | 용맹한 장군의 얼 / 유남준

164 | 의렬(義烈)의 집안 전통 / 박병철
165 | 유도(儒道)정신 선양 / 박석현
166 | 3대의 혈족이 산화했네 / 유완준
167 | 항일(抗日)의 충혼(忠魂) / 남구서
168 | 주권수호(主權守護) / 황건성
169 | 민족정기 선양하니 / 유덕선
170 | 지리산에 머물러 있으리 / 이상우
171 | 충절을 찬양하세 / 유영배
172 | 구국3현(救國三賢) / 배재관
173 | 무덤 앞에 비석 세우니 / 권량식
174 | 영웅의 위대한 공적 / 정현배
175 | 경향의 유림이 영원히 사모하리 / 이윤균
176 | 국가에 신명을 바친 3대 / 유내준
177 | 왜군토벌의 선봉장 / 김승선
178 | 석정 장군의 정신을 빛내세 / 이정식
179 | 영명불멸(英名不滅) / 김금순
180 | 3남에서 열렬하게 싸우셨네 / 윤창수
181 | 목숨 바쳐 싸웠네 / 박종현
182 | 높은 이름 훌륭한 교훈 / 김귀남
183 | 산림학파의 충효 / 박광진
184 | 한 많은 피가 도도히 흐르니 / 이응삼
185 | 선비의 의협심 / 서명택
186 | 청사에 길이 전하리 / 김인도
187 | 민족정기가 저절로 무궁하리라 / 오한구
188 | 천추에 향사(享祀) 지내세 / 정동휘
189 | 토왜창의(討倭倡義) / 육근학
190 | 묘비에 서기(瑞氣)가 맑더라 / 김영근
191 | 충혼은 교훈으로 전해지고 / 박순대
192 | 이 강토를 길이 보전하세 / 민두식
193 | 충혼이 지리산 상봉에 오르내리도다 / 김룡환
194 | 장군의 절의 / 이상수

195 | 원한은 전 국민의 뼛속에 / 문승무
196 | 백 주년기념으로 빛나네 / 이현환
197 | 지리산 총본영이여 / 김재경
198 | 대대적인 항일전쟁 / 김정순
199 | 숭고한 뜻을 계승하세 / 한중섭
200 | 명당의 묘비에 서광이 밝구나 / 장인현
201 | 인간에 누가 이런 공적이 있는가 / 이증렬
202 | 꽃다운 이름 영원히 썩지 않으리 / 장영배
203 | 민족사랑 꽃다운 이름 / 성두식
204 | 장군의 업적은 묘비명에 빛나고 / 강성모
205 | 3대의 영령은 지금 어디에 계실고 / 김장환
206 | 천세의 선비요 만년의 스승일세 / 김진선
207 | 가장 높은 절개 / 이영재
208 | 명성은 3한의 기백을 떨치고 / 김벽환
209 | 100주년의 해가 청명하도다 / 최영운
210 | 죽음을 각오한 투쟁 / 손자룡
211 | 능연화각에 길이 빛나리 / 박형재
212 | 뼛속에 새겨 길이 생각하세 / 권오렬
213 | 묘비에 새긴 성지는 빛나네 / 이규목
214 | 유업을 선양하는 일은 우리의 할 일 / 이형남
215 | 묘비에 공적이 새겨졌네 / 김형호
216 | 한 집안이 순절하니 만민이 슬퍼하네 / 박종주
217 | 지리산에 만세소리 들리네 / 오재동
218 | 백세에 맑은 단심 천양하고 싶네 / 상해익
219 | 지리산과 섬진강은 변함없어라 / 김병옥
220 | 정기를 선양함에 누가 소홀하겠는가? / 장태렬
221 | 어찌 잊으랴 / 박남진
222 | 합방을 저지하기 위해 / 이용옥
223 | 선생의 항일전쟁을 회고하니 / 장태일
224 | 대도(大道)를 몸소 실천했도다 / 박정희
225 | 만백성이 숭배하네 / 유덕준

226 | 동서의 유림이 경축하네 / 남성복
227 | 유림이 우러러 사모하네 / 이덕락
228 | 선사(先師)의 순절을 그 누가 알리 / 김종민
229 | 공전절후(空前絕後)의 영웅 / 최재윤
230 | 민족의 자존(自尊)을 맑게 하리 / 라승여
231 | 우국충정은 나라에서 으뜸 / 채완식
232 | 민족정기 드높였네 / 석노수
233 | 산천초목도 비통에 잠겼었네 / 백락춘
234 | 선비의 항일투혼 / 김종원
235 | 순국충혼은 날로 더욱 빛나네 / 홍필남
236 | 지리산변에서 대승을 거두셨네 / 류동열
237 | 섬진강 물소리 어찌 잊으리 / 권 중
238 | 묘우 세워 천세만세 받들세 / 권세창
239 | 오늘날 감복하지 않은 이가 없네 / 이광표
240 | 전사를 비에 새겨 길이 전하세 / 권대진
241 | 만년이나 맑으리 / 이송호
242 | 민중이 공경하고 사랑하네 / 김성동
243 | 피흘린 자취 / 이용학
244 | 민족정신의 겨울 / 남송조
245 |독도는 우리 땅 / 오의남

제4부 부록 / 247

248 | 유림의 항일독립전쟁의 역사 / 서정기
252 | 믿음으로 사는 삶 / 김소화
288 | 석정 김동식 장군의 생애와 사상 / 서정기
307 | 석정 김동식 장군 창의 100주년 기념 대제전 축문
310 | 헌시 2수 / 류영렬

民族正氣宣揚 讚詩集 發刊通知文

尊敬하는 鄉校 典校님과 儒道會 支部長 여러분께서 尊體康寧하십니까?

아, 올해는 日本帝國主義의 侵略을 물리치기 위하여 石井 金東植 將軍이 倡義하신 지 100주년이 되는 해입니다.

乙巳五勒約과 丁未七勒約의 不法無效를 宣言하면서 13도의 山林學者兩班 10만 명과 儒生 110만 명이 우리民軍 14만 명을 양성하여 1907년 8월부터 1910년 소위 한일합방늑약을 강요할 때까지 3년 동안 전국 방방곡곡에서 3,000여 회의 전투로 일본군을 討伐한 초기 獨立戰爭의 中心에 神出鬼沒한 작전술과 湖南解放의 공적과 장렬한 殉國으로 民族正氣를 크게 드높인 石井 金東植 將軍이 있습니다.

더욱이 石井 金東植 將軍은 그 아들 金鳳煥 義兵將과 함께 경기도 安城에서 倡義하여 倭軍에 포로가 되었고 그 손자 基元도 독립운동을 하다가 海外에서 不歸의 客이 되었으니 3대가 救國의 戰線에서 壯烈하게 몸을 던진 것입니다.

이에 우리 동양문화연구소에서는 일본 정부가 아직도 진심으로 사죄하지 않고 歷史를 왜곡하고 獨島문제를 야기하며 倭軍慰安婦문제를 호도하는 이때에, 당시의 倡義正氣를 길이 빛내기 위하여 석정 김동식장군 기념사업회 후원으로 다음과 같이 追慕의 作品을 모아서 讚詩集을 發刊하여 널리 배포해서 각급학교와 정부기관의 교육

자료로 삼게 하려고 하오니, 尊敬하는 典校님과 支部長 여러분의 積極的인 參與와 弘報로 貴 고을 儒林들의 많은 호응을 앙망하나이다.

2007. 6. 19.

東洋文化硏究所長 徐正淇 謹拜

책명: 石井 金東植 將軍 倡義 百周年 紀念 詩集

주제: 金東植 將軍追慕 및 民族正氣宣揚

작품 종류: 시, 時調, 漢詩, 그림, 서예

작품체제형식: 자유. 但 漢詩의 韻字가 필요하신 분을 위하여 별지를 동봉합니다.

유의 사항: 同封한 『항일 독립전쟁의 영웅 石井 金東植 將軍』의 冊子를 증정하오니 참고하시기 바라오며 작품에는 반드시 本貫, 姓名, 職業·職位와 住所, 電話番號를 명기하여 주시고 漢詩작품은 가급적 한글번역을 첨가하여야 학생들이 읽을 수 있을 것입니다.

작품접수마감: 2007. 8. 31까지

작품 보내실 곳: 우: 122－837

서울 은평구 대조동 45－2 동양문화연구소

전화 354－7877 FAX 353－7875

일러두기

1. 이 책에 수록한 작품은 2007년 6월 19일부터 9월 6일까지 도착한 분량으로 모두 한결같이 항일독립진쟁의 영웅을 기리고 민족정기를 선양하는 지극한 정성을 담았으므로 시격(詩格)을 논하지 않고 빠짐없이 수록하였다.

2. 편집의 범례는 전 국민이 공감할 수 있도록 제1부 그림과 서예, 제2부 시와 시조, 제3부 한시(漢詩)로 배열하였으니 대개 시각적 효과와 독해 및 사색의 과정에 따른 것이다.

3. 작품의 배열순서는 원칙적으로 무순(無順)으로 해서 동서남북의 남녀노소가 대동 화합하여 민족영웅을 기리려는 뜻을 표하였는데 대개 원고의 도착순으로 묶었다.

4. 한시의 시제(詩題)는 모두 똑같이 『석정 김동식 장군 창의 백주년기념 민족정기 선양』인데 각 작품 속에 인상적인 내용으로 삭은 시제를 부쳤으니 독자로 하여금 시를 구별하고 천편일률적인 규격에서 벗어나 참신성을 높이기 위함인즉 작가의 양해를 받지 않았음을 밝혀둔다.

5. 한시는 응당 원문을 앞으로 놓고 번역문을 뒤에 놓아야 하겠지만 현재 독서계의 수준으로 볼 때에 부득이 번역시를 앞에 놓고 한시를 뒤에 놓았으며 번역시도 모두 작가가 직접 번역했기 때문에 한 편의 훌륭한 시작품(詩作品)으로 손색이 전혀 없으니 한글시로 이해를 돕고 한시로 암송하기 바란다.

6. 부록으로 KBS사회교육 제1방송 종교와 인생에서 2007. 7. 30부터 방송한 생명의 말씀과 믿음으로 사는 삶의 해당내용을 녹취하여 실었으니 그 추모의 성격이 같기 때문이고, 또 상촌신문(桑村新聞: 2004. 10. 25)에 기재된 석정 김동식 장군의 생애와 사상을 옮겨 실었으니 장군의 행적을 자세히 알리기 위함이다.

간행위원 명단

위원장 서정기(한국동양문화연구소 소장)

부위원장 김승선(서울동양문화연구소 소장)

부위원장 최성종(도학회장)

부위원장 김용백(성균관 명륜회상)

편집위원장 이상만(한국동양문화연구소 이사장)

편집부위원장 위창복(한유회장)

재정위원장 김성동(한국동양문화연구소 상임이사)

위원 송석염(한국동양문화연구소 이사)

위원 이용학(한국동양문화연구소 이사)

위원 이광표(동도회 회장)

위원 김홍렬(동도회 총무)

위원 황문범(한국동양문화연구소 이사)

위원 윤석철(한국동양문화연구소 이사)

위원 이상순(서울동양문화연구소 이사상)

위원 김충한(한국동양문화연구소 이사)

위원 성태신(한국동양문화연구소 이사)

위원 이창신(한국동양문화연구소 연구원)

제 1 부

글씨와 그림

시각적 효과를 고려하여 글씨와 그림을 제1부에 편집하였다.

자고로 우리 유림은 위대한 공덕이 있으면 찬송하는 노래를 지어서 높이 헌창하고 정치가 안정되면 엄숙한 의례를 제정하여 길이 보납하는 주무제를 지냈으니 대단히 아름다운 전통이므로 민족영웅들의 당시를 회상할 수 있는 고귀한 작품을 모았다.

석정 김동식 장군 창의격문

서정기(한국 동양문화연구소장)

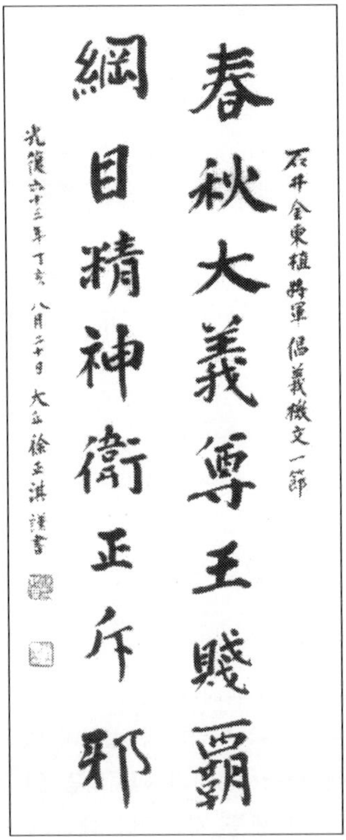

춘추의 큰 뜻은 왕도정치를 높이고 패도정치를 천하게 여기는 것이며, 주자의 자치통감강목의 정신은 정의를 호위하고 사악을 배척하는 것이다.

의암 류인석 의병대장 우국시

김기원(서울문백초등학교 5년)

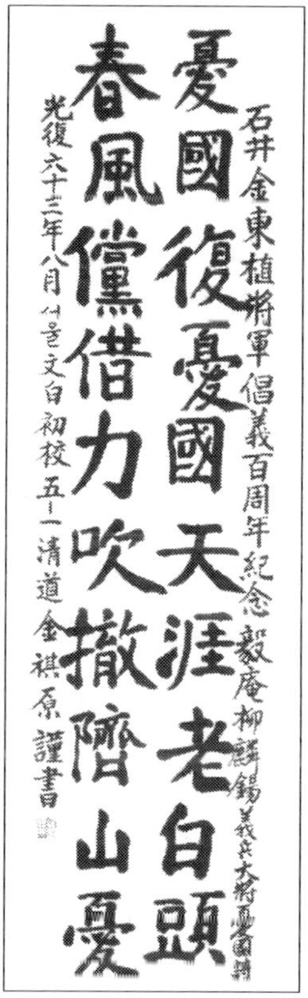

나라를 걱정하고 또 나라를 걱정하니 온 세상에 늙은 평민뿐이구나, 봄바람에게 응당 힘을 빌려서 산에 올라 근심을 모두 날여버리리라.

면암 최익현선생 토왜궐기시

오문복(제주동양문화연구소장)

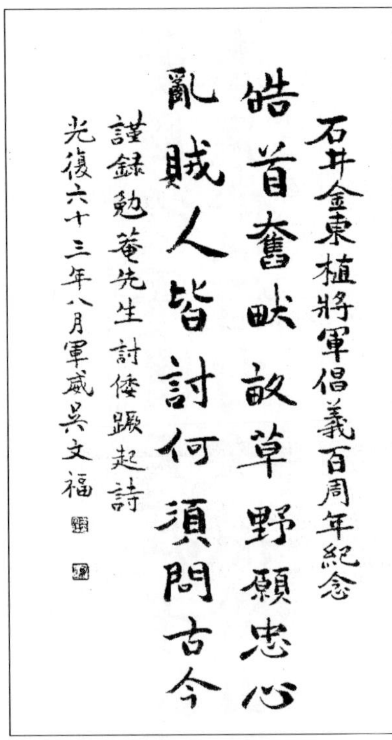

늙은이가 이랑에서 떨치고 일어남은 초야에서 충성심을 바라기 때문이로다. 난신적자(亂臣賊子)는 사람이 모두 토벌하나니 어찌 반드시 옛날과 오늘을 물으리요.

이석용 장군 토왜시

김배선(전주모악서예원장)

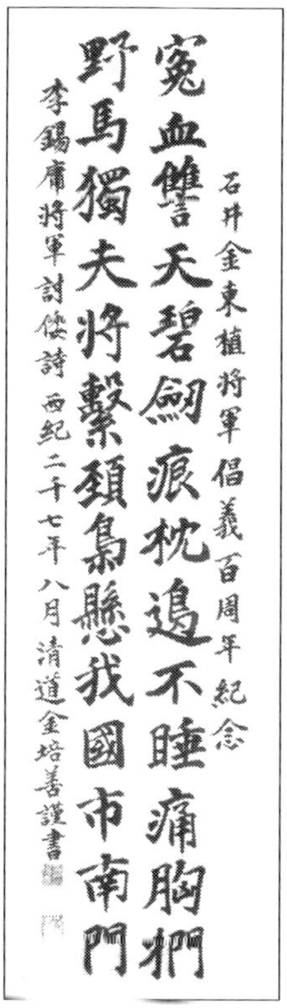

원한에 사뭇친 피가 하늘로 솟구쳐 푸른 칼에 떨어지니 베개 가에 잠 못 이루고 아픈 가슴만 문지르네 야생마를 탄 외로운 사나이가 감히 적군의 목을 묶어다가 서울의 남대문에 효수하여 매달아 전시하리라.

김태원 의병대장 거의시

서정기(한국동양문화연구소장)

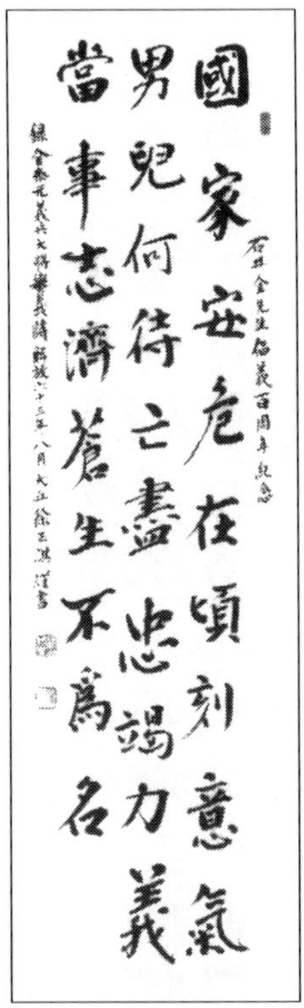

국가의 안위가 경각에 있나니 의기남아가 어찌 망하기만을 기다리랴, 충성심을 다하고 노력을 다하는 것이 의리에 마땅한 일이니 뜻이 민족을 구제함에 있고 이름을 내기 위함이 아니로다.

심남일 장군 정미거의시 유감시

김용백(성균관 명륜회장)

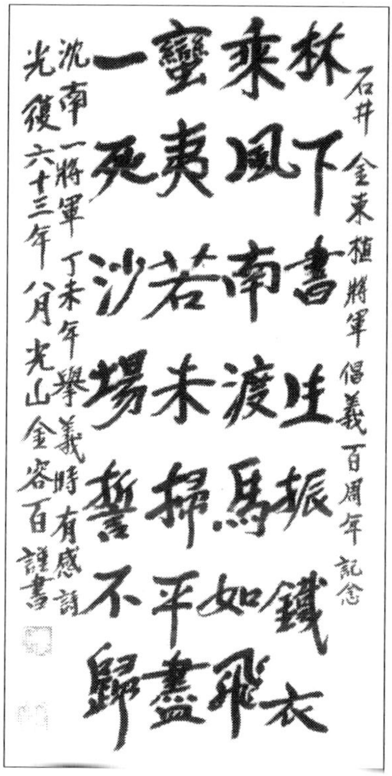

산림에 숨은 선비가 갑옷을 입고서 바람타고 남쪽으로 건너가니 말도 나는 듯이 빨으도다. 야만국의 오랑캐를 만약 모두 소탕하여 평정하지 못한다면 모래밭에서 한 번 죽어 맹세코 돌아오지 않으리라.

안중근 장군 입지출향시

오창림(제주 서예가)

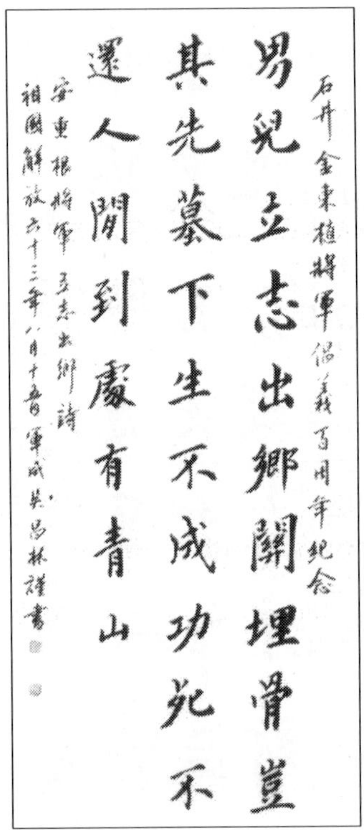

남아가 뜻을 세우고 조국을 떠나니 뼈를 어찌 그 선조의 무덤 아래에 묻으리오 살아서 성공하지 못하면 죽어도 돌아오지 않으리니 사람이 이르는 곳마다 푸른 산이 있도다.

이석용 장군 진중시

이상만(한국동양문화연구소 이사장)

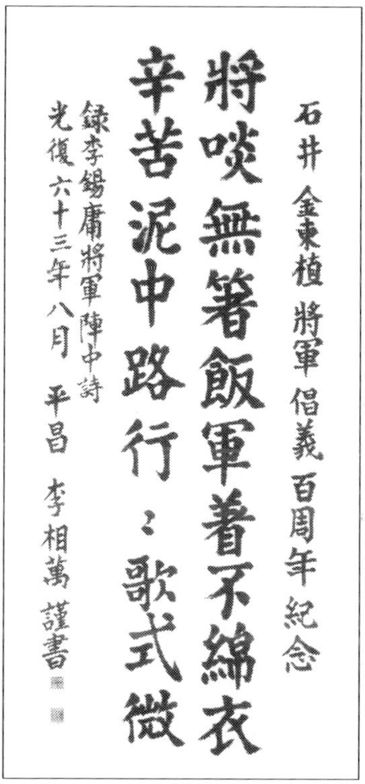

장군은 수저가 없이 밥을 먹고 군졸은 솜을 넣지 않은 옷을 입었도다. 눈보라치는 진창길에서 고생을 하니 행군하는 발걸음마다 시경의 식미편을 노래하며 의지할 데 없음을 탄식하도다.

정직환 의병대장 절명시

김남주(서울시흥중 1년)

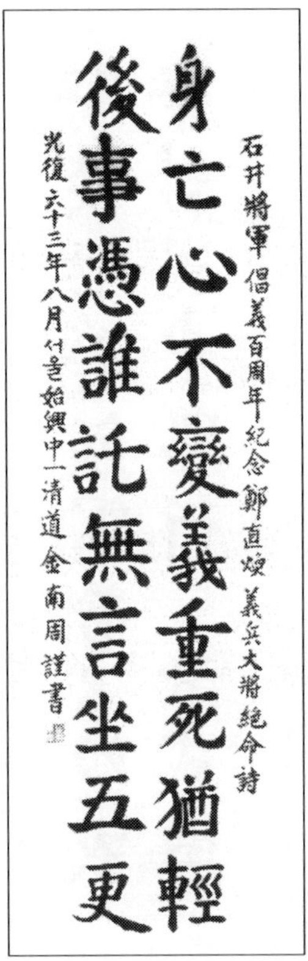

몸은 죽어도 마음은 변하지 않고, 의리가 무거우므로 죽음이 오히려 가볍다오, 뒷일을 누구에게 부탁할거나, 말없이 앉아서 밤을 새우도다.

안중근 장군 하얼빈가

김승선(서울동양문화연구소장)

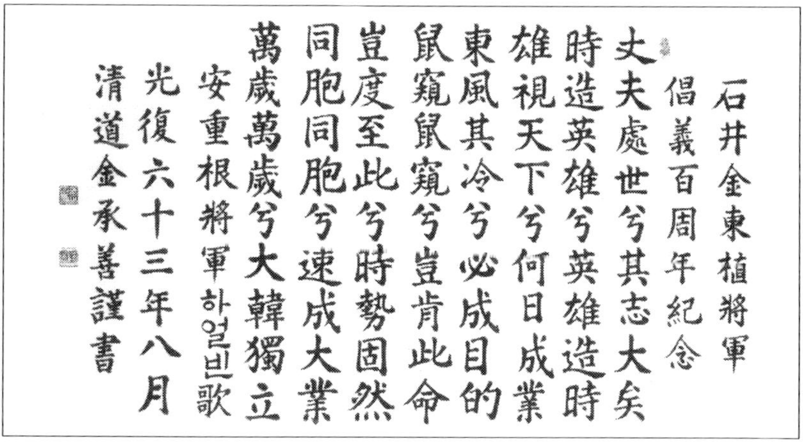

장부가 처세함이여 그 뜻이 크도다. 때가 영웅을 만드느냐 영웅이 때를 만들도다. 천하를 웅시함이여 어느 날에 사업을 이룰거나, 동쪽 일본의 바람이 그 냉혹함이여 반드시 침략의 목적을 이루려고 하도다. 머뭇머뭇 엿보면서 머뭇머뭇 엿보면서 어찌 이러한 망국노의 운명을 긍정하리오. 어찌되기 세상의 운수가 여기에 이르렀는가. 제국주의 시대의 침략세력이 참으로 그리하도다. 동포 동포여 빨리 항일전쟁의 대업을 완성하자 만세 만세토록 대한 독립을 지키세.

정재건 열사 경술순절서사

이헌순(서울 서예가)

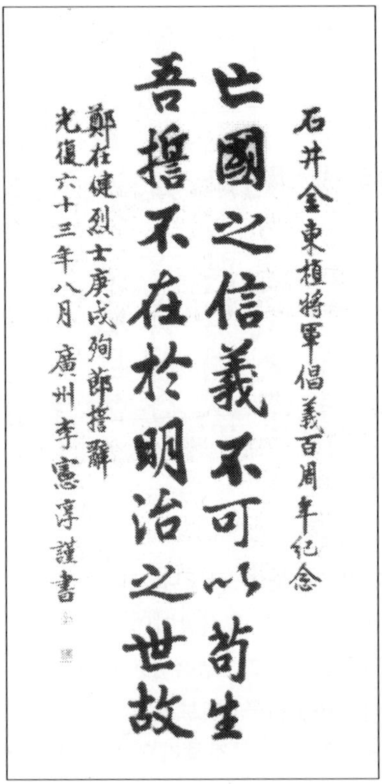

나라가 망한 민족의 신의는 구차하게 사는 것이 옳지 않으니 나는 맹세코 일본군주 명치가 지배하는 세상에는 살지 않겠노라.

충의구국

성규만(한국한시협회 부산 봉산 음사회장)

백주년기념시

최재윤(서울신당서예학원장)

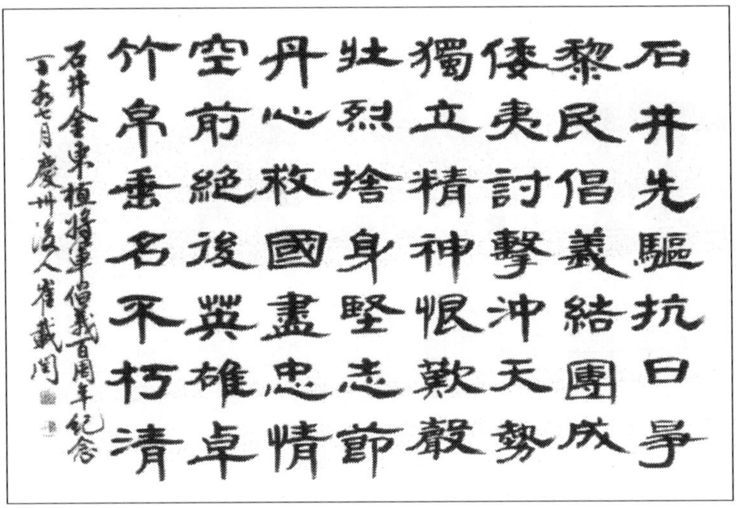

229면 공전절후의 영웅편 참조

우국공훈

허복만(경남고성향교 전교)

창의백주년기념시

소병창(익산향교의전장의)

石井金東植將軍倡義百周年

島賊侵攻久戰爭
將軍倡義百周年
合邦恥辱千秋恨
獨立希望萬歲聲
守護湖南修偉績
匡扶社稷盡忠情
堂々氣魄如朝日
烈々精神似晶清

丁亥中庚 幼學 蘇秉昌

147면 호남을 지킨 공적편 참조

살신성의

류우형(경기도 여주유림)

난초와 대나무그림

류우형(경기도 여주유림)

창의백주년기념시

민두식(서울유림)

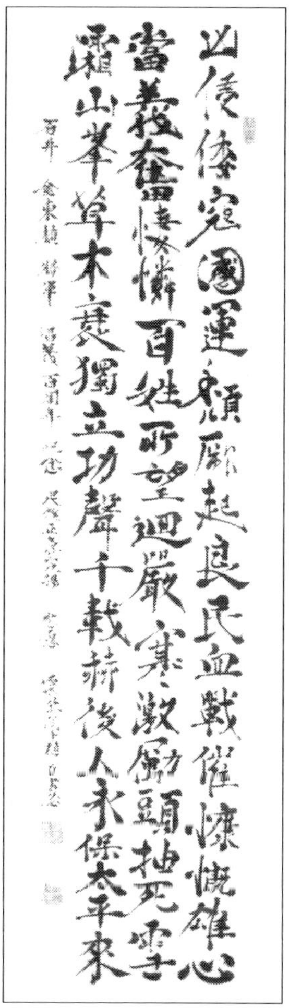

192면 이 강토를 길이 보전하세편 참조

백주년추모시

남중우(광복회원)

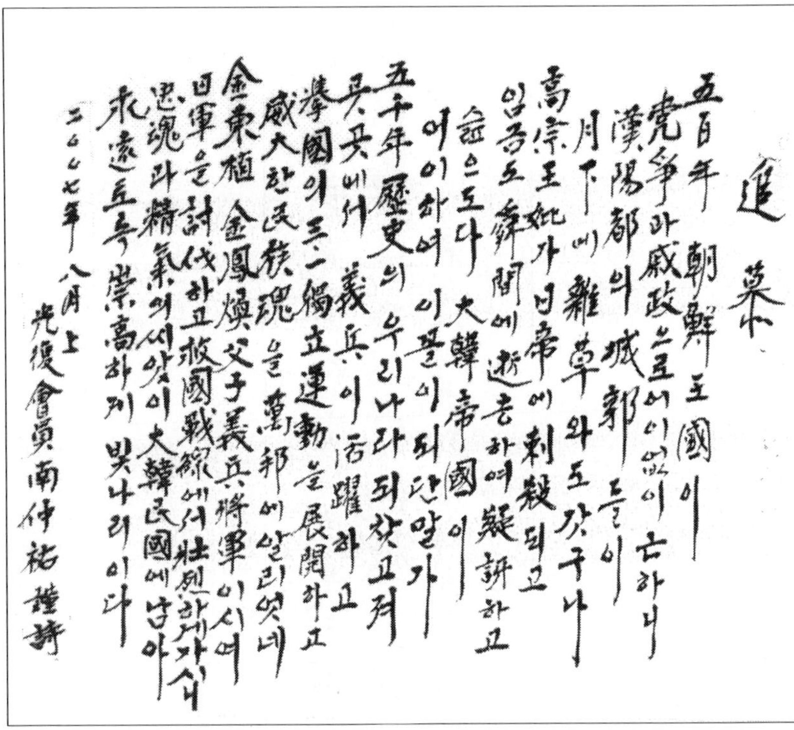

62면 추모시 참조

창의백주년기념시

윤원섭(한시협회회원)

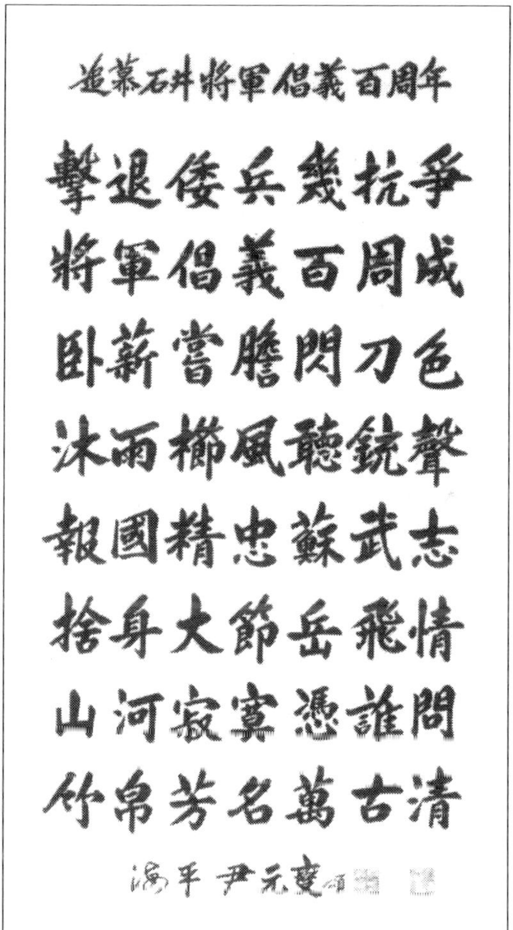

124면 목우즐풍편 참조

창의백주년기념서시

이병근(전성균관고문)

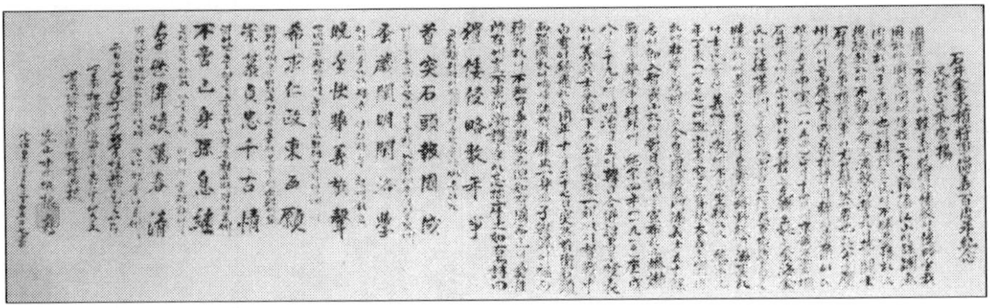

104면 탁역하게 뛰어난 업적편 참조

석정장군무공만년

최병권(전성균관전학)

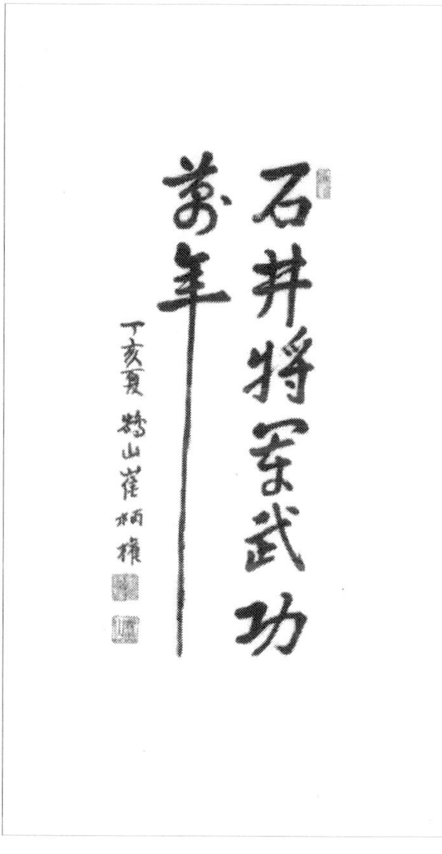

제 2 부

시와 시조

지나간 역사를 뚜렷이 밝히면서 닥쳐올 일을 살피는 창왕이찰래(彰往而察來)는 지혜로운 사람의 사업인즉 민족영웅에 대한 감개가 무궁하구나

백년 한(百年恨) 4수

김소화

(1)

수천 년 세월에도 삼천리 금수강산
사계절 아름다운 명당의 아늑함을
탐욕에 야심품고 잔인한 무력점토
간교한 수모피해 극심한 을사조약

하늘도 비통함을 불타듯 석양노을
구름도 성을 내고 심고산 초목까지
뒤덮인 검붉은색 토혈을 하는 듯이
병오년 정미년에 팔도가 일심동체

목숨 건 의병들의 말발굽 진동하며
함성은 천지개벽 혈투전 치열하니
수많은 명장의병 순국한 선열들의
충효심 지킨 국토 영원한 대한역사

(2)

나라의 상징이던 태극기 멸시학대
이름도 없어지며 일장기 늑세하니
끝없는 악행강탈 공포의 처참함은
사경에 허덕이며 민족난 복수심에

강력한 민족정신 일시에 단합되어
뭉친 힘 너나없이 죽기로 외쳐대니
자유와 독립만세 천하를 뒤집듯이
날뛰며 죽고살고 대한의 독립만세

수없이 많은 충신 총탄에 쓰러지며
앞으로 전진하는 끈질긴 충성심에
하늘도 감동하는 승리의 독립군대
태극기 하늘높이 대대로 내펄싱내

(3)

충신들 목숨으로 백 년의 세월 흘러
잃었던 나라 찾고 태극기 하늘높이
만발한 태극화를 보시고 계시는지
생전에 원하시던 그 이름 대한민국

되찾은 우리나라 목멘 자유평화
행복을 못 보시고 가신 님 삼대충신
이 몸은 마음 아퍼 가슴은 찢어지고
마디에 서린 한은 그 언제 풀고 갈꼬

무덕한 못난 몸이 누구를 원망하며
이 생명 다하도록 노력도 하였건만
허무한 팔십 고개 갈 길을 재촉하니
조상님 장하다고 반겨나 주시려나

(4)

장험한 지리산아 옛벗은 어디가고
천왕봉 마주보며 근심된 의론하며
말없이 떠난 님은 언제나 오시려나
기다린 백 년세월 길고긴 꿈이었나

지리산 맑은 물은 옛날과 변함없고
초목도 피고지고 오늘도 싱그럽고
구국에 용감했던 맹호들 울부짖던
고함은 민족한을 못 잊어 어이갔나

천지를 뒤흔들던 선열들 숭고한 넋
비석에 백 년 한을 눈비로 씻겼는지
오늘도 말도 없이 쓸쓸히 서 있구나
원한에 안식처는 언제나 세워질소

姓名: 金小華
郵便番號: 405－813
住所: 인천시 남동구 간석4동 585
청실A 가동 205호

本貫: 慶州. 石井將軍의 孫女
電話. 032 424－2276,
017－815－2276

김동식 장군 3대 충혼을 봉모함

이창환

天地가 盡盡綠이요
宇宙가 生生瑞氣한데
어찌 槿域山河가 倭寇의 불바다인고

嗚呼라 白衣同胞여
五千年 아름답고 華麗한 歷史
원쑤놈 倭寇들 말발굽에 짓밟히다니

愚鈍한 매국노여
過慾한 官權者 친일파여
目前權財貪하여 順良한 百姓 죽였고

눈뜨고 볼 수 없는 凄切한 國運
貧家는 孝子生이요 國亂엔 忠臣生이라
偉大하신 三代忠臣 金東植 將軍 蹶起했네

三綱을 지키신 名家요
五倫을 行한 孝悌忠信宅이시니
天下 처음 誕生하신 三代忠孝家일세

거룩하신 忠臣 金東植 將軍이시여
千秋萬代 英孫榮光 누리시고
宇宙中 萬類들 祝願 드리옵니다

偉大하신 忠魂이시여
大東方 東夷族의 나라 白衣民族
統一하여 一等國民으로 살게 하여주오

姓名. 李昌煥
職位: 元老詩人
住所: 경북 영양읍 서부2동 176－3
雅號: 月仁
郵便番號: 764－806
電話: 054－682－7788

지리산 수호신

정태진

3도에 걸친 웅장한 지리산
천왕봉, 반야봉, 노고단은
구름 위에 솟아 하늘을 떠받치는데
뱀사골, 피아골은 깊은 골짜기를 돌고 돌아
남강과 섬진강으로 흘러가네
여기는 본래 신선이 사는 방장산(方丈山)
태초의 신비가 감추어 있는 곳
철쭉과 원추리의 꽃동산에
해와 달이 머무는 별천지라
한겨레의 성지(聖地)로 보호했나니
일찍이 왜구(倭寇) 아그발대가 침략함에
이성계 장군이 운봉(雲峯)에서 격파하였고
또 임진왜란에 이순신 장군이 한산대첩으로
일본수군을 격퇴하였으며
마침내 을사 · 정미 왜침에는 김동식 장군이
왜적을 토벌하여 지리산을 3년간 지켰도다
아, 지리산을 지키는 수호신이여
민족의 정기가 영원히 빛나도다

姓名: 鄭泰鎭　本貫: 東萊
職位: 군산대학교 교수　住所: 서울 강서구 목동
電話: 02－2647－1107 018－606－4713

지리산 상봉에 태극기 높이 달고

박찬요

이 나라 쓰러질 때 두 팔 걷고 이러선 님
지리산 상상봉에 태극기 높이 달고
조국을 지키시려고 三年을 싸우셨네

못 이룬 그 원한은 자손에 이어지고
구천을 헤매셔도 유한은 조국광복
임이여 보시옵소서 되찾은 이 나라를

무궁화 피고 지는 삼천리 이 강토는
애닯다 대한, 조선 허리가 두 동강이
항일의 큰 정신으로 대한민국 지키소서

姓名: 朴贊堯　本貫: 潘南
職位: 錦山鄉校 典校　郵便番號: 312－803
住所: 錦山郡 錦山邑 上里 13－8
電話: (041)－751－1248, HP: 019－406－1248

추 모

남중우

五百年 朝鮮王國이
党爭과 戚政으로 어이없이 亡하니
漢陽都의 城郭들이
月下에 雜草와도 같구나
高宗王妃가 日帝에 刺殺되고
임금도 舜間에 逝去하여 疑訝하고
슲으도다 大韓帝國이
어이하여 이 꼴이 되단말가
五千年歷史의 우리나라 되찾고져
곳곳에서 義兵이 活躍하고
擧國의 三·一 獨立運動을 展開하고
偉大한 民族魂을 萬邦에 알리엇네
金東植 金鳳煥 父子義兵將軍이시여
日軍을 討伐하고 救國戰線에서 壯烈하게 가시니
忠魂과 精氣의 씨앗이 大韓民國에 남아
永遠토록 崇高하게 빛나리이다

姓名: 南仲祐 本貫: 宜寧
職位: 光復會員 郵便番號: 309－101
住所: 仁川市 南洞區 萬壽 4洞 住公APT 電話: HP 010－9551－3035

"의병의 노래"

유선종

산은 한라에서 궐기하듯 일어나
백두까지 내달아 우뚝우뚝 억만년!

강은 삼천리금수강산 휘돌아
압록에서 낙동강까지 보듬고 지켜온 우리 터전!

끓어오르는 의분을 큰 가슴으로 쏟아내어
구국 일념으로 붓을 내던지고 뽑아든 창검!

활화산처럼 타오르는 뜨거운 함성은
천왕봉을 진동시켰네, 배달민족 숭고한 이상!

기상은 불꽃처럼 폭발하여 역사를 밝히고
천지보다 깊고 투명한 유구한 세월 반만년!

민족정기는 붉은 피를 토해내어 울분을 되씹고
섬진강 굽이마다 붉게 붉게 흐드러진 무궁화!

姓名: 劉善鍾 本貫: 江陵
職位: 漢字指導師
住所: 수원시 영통구 여통동 살구골 현대A 723동 604호
電話: 031－204－7564, 018－352－7244

석정 김동식 장군 창의 찬가

최성종

일제야만족의 군주명치는 을사륵약과 정미륵약으로
비밀부수 각서를 체결하여 대한제국을 약탈하니
구국일념 충심으로 춘추대의의 뜻을 세워
일가친척 뒤로하고 대일항전 선포하여
50여 문하생과 아들(김봉환)을 대동해서 기치 높여 창의하고
지리산을 근거지로 하여 자치구를 확보하여
탁월하신 전략전술로 신출귀몰함이 비상하니
몸을 숨기고 나타남이 교묘하여 일본군도 감탄했다네
영호남 산림학자(유생, 선비)들의 전폭적인 지원 속에
사기가 충천하고 의기가 양양하여 왜적들을 토벌하니
영웅적인 그 승리는 장엄하신 지략이며
덕의와 신망을 겸비하신 선구자적 상징일세
공맹사상 계승하여 인의도덕을 실천하고자
뜻을 세워 남을 사랑하는 선비정신으로 자기의 사욕은
버리고 하늘의 이치를 따르는 선각자의 수범일세

자신을 희생하여 어진 것을 완성하는 용기로서 또한
삶을 버리고 정의를 취하는 굳센 각오를 하고,
가난과 부유함을 초월하고, 살고 죽는 것을 통달하여
명확히 관찰하고, 명예와 이익을 탈피하셨도다.
나아가고, 물러가고, 있고, 없는 것과 흥하고,
망하고, 융성하고, 쇠잔한 이치와 도리를 깨달아서
덕치와 난세의 거취와 길하고, 흉하고, 뉘우치고, 인색한 형세와
기상에 밝으시고,
부귀도 음해하지 못하며, 빈천함도 자리를 옮기지 아니하며, 위엄과 무력에도 비굴하지 않았으니
대장부의 기상이요, 만고영웅의 표상일세.

姓名: 崔成鍾　　本貫: 慶州
職位: 서울시 유도회 금천지부회장　　郵便番號: 109－604
住所: 서울 금천구 가산동 770 두산A 109－604　　電話: 019－204－9201

김동식 장군 창의 100주년 기념식

김홍열

민족을 위해 그리고 더 넓게 세계평화를 향해 목숨을 바친
항일 독립투사의 영웅 석정 김동식 장군의 장한 애국충성은
정해년 2007년 오늘까지도 식을 줄을 몰랐습니다.
지리산 고산준령 왜군을 토벌하시고 더 장엄하게 승천하신 장군이시어
독립전쟁의 선두에서 신출귀몰한 작전공적과 그 장렬한 순국은
천세 만세, 아니 영겁에 이르기까지 민족의 정기가 되었습니다.

일제의 침략 속에 조선팔도 13도의 산림학자양반 10만 명과
유생 110만 명, 우리 민군 14만 명을 양성하여
1910년 한일합방까지 팔도강산 방방곡곡 3,000여 회의 전투로
왜놈을 토벌하신 항일독립전쟁의 영웅, 석정 김동식 장군이시여
겨레가슴에 풀지 못한 사연은, 창의 100주년을 향해 더 뜨겁게 타올랐습니다.

아들 김봉환 의병장은 전남, 무안에서 잔인한 왜군에게 포로가 되어 끌려가셨고
손자 김기원도 할아버지의 독립정신을 따라 해외에까지 펼친 불귀의 객 되었다니
3대의, 숭고함이여 『윗물이 맑으면 아랫물도 맑다』는 말 그대로, 콩 심은 데 콩이 나는 자연의 이치는 과연 부인할 수 없는 철학이었습니다.

경상북도 울릉군 뱃길 따라 300리 외로운 섬 하나 새들의 고향
아직도 「독도를 자기네 땅이라」 우겨대는 정신병자만 같은 그들의 수작
위안부의 아픔까지도 당연한 척 우겨대고 있었으니,
하늘도 왜곡하는 자에게 벌을 주었나요.

부족한 후학 장군님의 100주년 기념 시집을 추앙하며 축하합니다.
광복 이후 경찰에 입문, 나약한 여자이지만 치안일선에 일생을 헌신한 나는
더 아름답게, 더 훌륭하게, 더 다정하게 장군님을 불러봅니다.
석정 김동식 장군님, 민족의 후광 되어
더더욱 오래오래 조국의 교두보 되어 민족통일을 불러주십시오.
소흑산도에서 백두산 영봉까지 태극의 물결 무궁화 향기 피우렵니다.

姓名: 金洪烈 本貫: 慶州
職位: 동양문화연구소 이사 동도회 간사 국제도덕협회 일관도 평택지부회장
住所: 경기 평택시 서정동 771－2 별장빌라 다동 302호
電話: ☎ 010－3035－5363 自: 031－668－3451

어화 우리 장사들아 격중가를 불러보세

김무진

조선말기 1909년 하얼빈 역두에서 이등박문을 살해해버린
한민족의 아픔은 과연 무엇일까요
한·일 합병 시행방침을 밀의, 한국합병실행에 관한 의결을
일본군주의 재가까지 얻었다니
1907년 8월-1909년 사이 일본군과의 전투에서
전사했던 의병수는 16,700명, 부상자는 36,770명에 이르렀습니다.

민족의 장래와 겨레의 아픔을 대신하여 순국하셨던 장군님의 아픔
아래적은 노래가사 지금도 잊지 않고 떠오르지요.
석정 장군님과 장군님의 아들 김봉환 의병장과 함께 구국을 향해
목 놓아 부르셨다는 그 노래 말입니다.

「가을바람이 소슬하니 영웅이 득의하는 때라
장사가 없을 오냐 구름같이 모여든다.」
「어화우리 장사들아 겨준가를 불러보세
한양성중 바라보니 원수 놈이 왜놈이요
원수 놈이 간신이라 삼천리 우리강산
오백 년 우리종사 어찌 할까.」

「아마도 의병을 일으켜 왜놈들 몰아내고
간신을 타살하여 우리나라 세우고
우리백성 보전하여 삼각산이 숫돌 되고
한강수 띠 되도록 즐기고 놀아보세 우리 대한 만만세.」

장군님 부자가 활동하시며 불렀다는 이석용의진의 격중가는
오늘도 장군님이 창의신 지 100주년이 되었거늘
인터넷 화면 속에 더 똑똑히 더 뚜렷이 더 싱싱히……
장군님을 찾아온 많은 후손 각자에게 애국애족의 사랑방 되어
더 배우고 더 터득하여 장군님의 기상 따르고만 싶었습니다.

本貫: 경주
職位: 국가상훈편찬위원회 편집국장

길이 보전하세

김홍석

살기 좋은 우리나라
적군을 물리치신 장군님들의 덕이로세

우리 모두 힘을 모아
예절이 반듯하게 밭을 갈고
정의로운 씨앗을 심고
지혜롭게 김을 매고
사랑으로 거두어 먹으며
즐겁게 살면서
부모에게 효도하고
나라에 충성하고
부부간에 분별나고
어른을 공경하고
벗들을 믿으며
더 좋은 나라로 길이 보전하자구나

姓名: 金洪錫 木貫: 慶州
職位: 農事 郵便番號: 102－906
住所: 경기도 평택시 안웅읍 현화리 삼익 창도립A 102－906
電話: 011－209－1652

빛나는 민족의 선구자

윤석철

항일 독립 전쟁의 영웅 김동식 장군이여,
왜적의 총칼에 앞장서서 구국의 깃발을 세웠네
부자간에 목숨을 아끼지 않고
가정을 생각지 않고 오직
백성과 나라를 위해 장엄한
항일독립전쟁은 지리산에서 3년을 계속하였다오
대한독립을 선언하는 기미 3·1 독립만세소리
사사오입의 독재 정치를 물리친 4·19 함성
군사독재를 반대하는 5·18 민중봉기
불타는 민족정기 더욱 자랑스러운 것은 침략군과
싸우는 거룩한 민족의 선구자여라
이제 남북이 평화롭게 통일하는 날 겨레의 마음속에서 뜨겁게
석정 김동식 장군 길이 빛나리라

姓名: 윤석철 本貫: 파평
職位: 동양문화 연구소 이사
住所: 서울시 서대문구 홍제동 467 인왕산 어울림 아파트 101동 805호
電話: 02－733－4347

금수강산에 태극기 휘날리네

손자룡

倡義한 白周紀念
三代가 報國하니
民族은 正氣宣揚
抗倭로 光復 찾아
三千里 錦繡江山에
太極旗가 날리네

姓名: 孫子龍
郵便番號: 770－030
電話: 054－334－2035
職位: 儒林
住所: 慶北永川市門外洞 117－6

영원토록 잊지 못하리

이창신

乙巳 늑약으로 국권이 상실되니
삼십만 명이 국난을 당하여 즉각 창의하였도다
조선에는 춘추필법의 의리학을 배웠나니
3년 동안 3천회나 왜놈을 토벌하도다
효종대왕의 뜻은 복수 실치로
송자의 君臣有義를 3백 년 동안 우러러보네
丁未 늑약 대한제국이 망하였어도
석정 김동식 장군을 영원토록 잊지못하네

姓名: 李昌信 本貫: 全州
職位: 동양문화연구소 수학중 郵便番號: 585－872
住所: 전북 고창군 공음면 두암리 709

대한민군의 혼이여

서동평

석정 김동식 장군은 대한민군의 선구자
국토를 수호하고 민족을 보호하기 위하여
분연히 일어나서 항일독립전쟁을 지휘하니
신출귀몰한 작전으로 백전백승의 신화를 남겼지

석정 김동식 장군은 항일독립전쟁의 영웅
웅장한 지리산에 웅거하여 3년을 싸워서
호남을 해방하여 왜적을 소탕하니
자주 독립 정신으로 민족이 단결하는 역사를 남겼지

석정 김동식 장군은 산림학자양반의 사표
충효절의를 생명처럼 받들며 글을 읽은
가풍을 지켜 장렬하게 최후를 마치니
청풍고절의 동방예의지국에 선비정신 남겼지

姓名: 徐東平
本貫: 大丘
職位: 大學生
住所: 서울 은평구 대조동 45-2
電話: 02-387-5613

위대한 김동식 장군을 추모하며

김인호

경주김 경순왕 왕손 석정 김동식 현조
현조님께서는 하늘이 내리신 위대하신 현인이십니다
유아시절부터 민족자주독립의식 강하셨고
자신과 가족보다는 애국애족이 우선이시었기에
사랑하는 당신 손자 하나뿐인 기원이 약년 청춘시절에
해외에서 독립운동하다 불귀의 객 되었고
외아들 봉환 또한 전장에서 포로가 되었으며
현조께서는 나라 잃은 통념의 한 품으신 채 유혈로 자재하셨나니
내리 3대 구국 일념으로 목숨 바치시어 대마저 끊겼나이다

위대하신 석정 김동식 현조께서는
탁절하신 학문과 위정척사로 일찍이 유풍을 진작시키셨고
도학이 깊으시어 성리가 밝으셨으며
갸륵하신 충군애국의 열의, 높으신 학덕은 만인의 큰 스승이셨고
동학의 종조이시기도 하시었습니다.
광무9년(1905) 을사오늑약, 정말칠늑약 강행
고종황제 강제 퇴위
대한제국 관군을 해산시키는 등 일제 만행에
국민들은 천인공분 아니할 수 없었으나……
임진왜란 시는 의병이 정부 지원하에 관군과 합세할 수 있었고

명나라 군사적 지원이라도 있었건만……
구한말 항일 독립전쟁은 관군 이미 해산 당했고
정부도 왜적 앞잡이가 되어 우리 민군을 적대시하였으며
외국 지원마저도 전무한 상황이었습니다.

자랑스런 우리 현조님께서는 외아들 봉환과
사랑하는 제자들 300여 명과 함께 창의하시어
천시, 지리, 인화의 이점 감안 지리산으로 입산하시었도다
공자춘추 「존왕천패」, 「내하외이」, 「상선벌악」의 대의
주자 「국가의 정통성 수호정신과 불타협적 복수론」
송자 「도통수호의 시대적 사명감을 높이 받들 것」을 결의하신
호영양남 민군 선구자 현조께서는
동학농민군 대동단결로 독립만이 살 길임을 천명
민족혼 가슴속에 간직한 채 정병 3천 명 지휘
일본군 보벌작진에서 모조리 격파, 섬멸 대첩을 거두시어
호영양남 해방지대 만드신 후
지리산에 민군본부 설치
왜적군경 토벌하신 명장 중 명장이시었도다

민군 선각자 당신께서는 놀라운 무훈을 발휘
1만 토벌군으로 성장, 봉환 의병장의 4천여 명 정예부대는
일본군 남부 수비관구사령관 도변 소장의 17기병연대를

신묘한 전략전술로 완전 궤멸시키는 등 혁혁한 전과를 올리셨도다
그러나 이를 어찌 하오리까
애달프고 또 서럽도다 한없이 원통이로소이다

무안군 발다면전투에서 포로된 외아드님 김봉환 의병장
이 깊은 슬픔 속에서도 당신께서는
"왕도를 짓밟고 있는 천하대란의 암흑시대에
국가 잃은 국민이 나아갈 길은
개인의 출세나 가문의 번영 아니고
오직 나라의 독립 쟁취하는 것이니
신명 바쳐 독립전선 끝까지 사수하는 일"이라며
산림학자 양반 10만 세력과 유생 1백 10만 명이
우리 민군 14만 명 양성
3년여 항일 독립전쟁에서 보여주었던
위대한 항일투쟁이었습니다.

그러나 이 큰 슬픔이여 어찌 달래져야 합니까
자랑스런 당신께서는
융희3년 북풍한설 휘날리는 섣달 스무이렛날
왜적들의 간악한 만행 규탄하시며
의기 꺾인 민군들, 실의에 빠진 백성들의 의욕고취와
민군 군심을 경각시키기 위하여 마지막 훈시로

『주역』 곤복의 논리를 설파하신 후
당신 머리를 바위에 내리쳐 장렬하게 자결하시었습니다

항일독립투쟁의 영웅 김동식 장군!
당신께서는 그 용맹스러운 자처는
독립군 모든 장병들의 비통이오
나라 잃은 민중의 경악이었소이다
세월 지난 지금에라도 백마타신 당신께서의 그 영혼
되살아나실 수 있기를 진심으로 기원해 봅니다.

1962. 3. 대한민국 건국공로훈장 추서
1990. 12. 김봉환 의병장 건국공로훈장 애족장 추서
1992. 6. 국립묘지 애국지사묘역에 당신의 유해 영장
1992. 6. 대한민국 정부로부터 국가유공자증 추서
1999. 12. 대한민국 국가보훈처 · 독립기념관 · 광복회 공동
'이날의 독립유공자' 선정 김동식 장군 선정

성스럽고 위대하신 우리 현조님!
대한민국의 거룩한 항일 독립투사 김동식 장군이시여!
경주김 문중의 훌륭하신 족상님이시여!
성훈공후 자랑스런 후손이시여!
이로써 어찌 당신께서의 훈공을 다 기리었다 하겠습니까

당신 혼 담긴 지리산에서 대한민국의 영원한 수호신 되시라고
멋진 기념비 세워 드리고
당신 추모하는 사당 건립, 춘추향사로 봉사할지어다
거룩하신 장군님 비롯한 애국애족 독립투사들의 위업으로
일본제국주의로부터 1945년 8월 15일 해방되었나이다.
이제 나라 잃은 걱정근심 모두 잊으시고
부디 부디 편안하게 영면하시옵소서

경주김 상촌공후이면서도 무능하고 불민하기만 한 후예
거룩한 현조님께 한없이 죄송스럽고 면목 없습니다.
크게 용서하여 주십시오.

경주김 상촌공후 19세손 김인호 근상

姓名: 金仁鎬 本貫: 慶州
職位: 한국시인협회회원
住所: 서울 중구 충무도 4가 120－3 진양상가 2층 808호
電話: 02－2275－3559

항일 독립전쟁의 영웅 김동식 장군

유병희

국립묘지에 장군의 묘비명을 읽어보니
"반만년 유구한 역사 정신이여
충신, 효자 빛나는 금수강산 일세
원나라의 침략에 40년간 싸웠고,
임진왜란엔 의병전쟁 7년이어라
억울하고 비통한 구한말 일제침략
8도에서 의병이 봉기했도다.
지리산을 넘나들며 왜적 무찌른 3년
항일 독립군의 선구자 김동식 장군이여
나라에 목숨 바친 정의의 깃발이로세
거룩하고 깨끗한 민족의 얼
아들손자 이은 장엄한 불꽃 찬란하도다."
감개무량하도다.

13도의 민군은
1907년 8월부터 1910년 12월까지
3년에 걸쳐 3천여의 왜적 토벌에서
일만여 명의 일본군과 2만여 명의 친일파를
도륙하고 17,000여 명의 대한민군이
전사하였으니 일찍이 세계의 의병사에
그 유례가 없는 치열한 토벌작전을
전개하였어라.
김동식 장군은 충청, 전라, 경상3도를
오가며, 신출귀몰한 작전으로
용맹을 떨치며, 전공을 세워 나가니
왜적들은 김동식 장군을 두려워하며
장군은 의병 200명으로 순창 우체국, 주재소를 습격하여
그들의 간담을 서늘하게 하였다.

姓名: 尹秉熹 郵便番號: 469-807
住所: 경기도 여주군 여주읍 홍문리 74-83
電話: 031-885-3193 儒林

산림학자양반 있었네

이상만

병자호란 이후로 이 땅에는
산림학자 양반이 생겼나니
차마 오랑캐에 굴복하여
벼슬할 수 없으므로
차라리 산림(山林)에 숨어 평생 학자로 살되
충효(忠孝)의 두 가지를 나란히 하는 양반(兩班)이라오

그리하여 효종의 북벌(北伐)정신 받들고
송자(宋子)의 춘추대의(春秋大義)를 지키며
복수설치(復讐雪恥), 멸청복명(滅淸復明)의 국시로
북한산성, 남한산성, 수원성을 쌓고
강화도에 광성보, 초지진, 덕진진 세우며
민족 자주독립의 굳은 결의 300년 다졌다오

청 · 일 전쟁에 승리한 일본이
이 땅을 식민지로 삼으니
여우를 몰아내고 늑대가 들어온 격이라
배청(排淸)의 정신을 항일(抗日)로 바꾸어
전국의 산림학자 양반 10만 명과
유생 110만 명이 일치단결하여
1907년부터 3년간 3000여 회 싸웠네

일본이 서당(書堂) 폐쇄령을 내리고
산림학자와 유생을 조사하고 통제하여
언론, 집회, 결사의 자유를 박탈하였지만
독립전쟁의 불길은 하늘을 찔러
3천리 강토가 의병의 함성으로 진동했도다.

석정 김동식 장군은 안성에서 의병을 일으켜
지리산을 지키며 호남을 해방한 전쟁의 영웅
신출귀몰한 전략전술로 연전연승의 신화창조하고
마침내 장렬하게 자결하였나니
진정한 산림학자 양반이로세

姓名: 李相萬 本貫: 平昌
職位: 한국동양문화연구소 이사장 郵便番號: 166-36
住所: 서울 성북구 정릉동 166-36 보성빌라 302호
電話: 02-909-3233 010-8368-4622

忠魂의 情

황문범

강하고 어진 高貴한 天性으로 春秋大義를 배우시고
衛正斥邪에 앞장서시며 二十四般武藝를 익히신
石井 將軍 나라위한 衷情 마침내 義兵 일으키시니
忠義는 높고 높아 千秋의 龜鑑이요.
山林學者의 高潔하고 위대한 흔적은 節分 가지셨으니
歷史에 빛나고 빛남은 어찌 잊어 지리요
將軍의 忠魂의 情 길이 받들어 지어이다

姓名: 黃文範 本貫: 平海
職位: 동양문화연구소 이사
住所: 서울 강남구 대치동 900-46 401
電話: 02 561-2541

忠義德은 시대를 초월하니

김용백

靈魂不滅이요 功德不朽라지만
나는 사실 지금까지 살아오면서
석정 김동식 장군에 대한 공적을 알지 못했다

2001년 4월 26일 세종문화회관에서
천하대유 훈로 서정기 선생이 역작으로 펴낸
『항일 독립전쟁의 영웅 석정 김동식 장군』의 전기를 출판하는
기념회에서 비로소 알게 되었을 때

우리 민족사에서 가장 치열하게
민족정기를 드날렸던 1907～1910까지의
3년 동안이 아직도 공백기로 남있는 현실이라니
역사에 대한 몽매함을 뼈저리게 자책하고

지리산에 웅거하며 본격적으로
왜군을 토벌하여
호남을 해방한
석정 장군의 영웅적 지략에 감격하고
또한 숭고한 민족의 맥박을 되살려
우리의 가슴속에 힘차게 뛰게 한 행운에
감사했도다.

2002년 12월 27일에는 석정 김동식 장군 기념사업회를
발기하여 다음 해 4월 30일에
석정 김동식 장군 기념사업회를 창립하고
이제 또다시 지리산 민군창의 100주년을 기념하여
민족정기선양 시집을 발간하는 훈로 선생의 정렬적 노력은
어디에서 나오는 힘일까?

아마도 우리 시대에 선유들의 위대한 역사를
공백으로 남길 수 없는 유학자의 양심과
우리나라 1천년 유교정신의 마지막 불꽃을
크게 되살려서 미래의 광명등으로
높이 매달려는 뜻이겠지
충성스럽고 정의로운 덕은 혈족과 학파를
초월하여 피 끓은 의기를 드날리게 할 뿐만 아니라
마음속 깊이 사모하는 존경심이 솟구치게 하는 것

아, 장엄한 민족영웅으로 우뚝 세우시니
3천리 금수강산에 석정 장군 길이 빛나리라

姓名: 金谷白 本貫: 光山
職位: 成均館明倫會長
住所: 서울 양천구 신정동 1010-5 대우 맨션 401호
電話: 02, 878-0110, 019-507-0110

제 3 부

한 시(漢詩)

뚜렷한 세계를 희미하게 해서 그윽한 세계를 밝게 드러내는 미현이천유(微顯而闡幽)는 사람의 정신을 모우는 학문인즉 민족정기에 대한 감동이 무한하도다.

우리 동방에 으뜸

김중석

존공의 지략이 우리 동방에 으뜸인데
당당한 정의는 백세에 융성하겠네
경륜은 소진과 장의 보다 못하지 않겠고
주책은 관중과 제갈량에게 비하겠네
충혼정절은 청산과 같이 높고
금석단심은 백일에 붉으네
위대한 영명은 법벅이 썩지 않겠으니
추사가 더욱 간절하여 느낌도 무궁하네

尊公智略冠吾東
正義堂堂百世隆
經綸莫下蘇張上
籌策惟儔管葛中
忠魂貞節青山屹
金石丹心白日紅
偉大令名應不朽
追思益切感無窮

姓名: 金重錫 本貫: 光山
住所: 서울 종로구 명륜동 三가 五三번지 職位: 成均館漢詩修練院長
電話: 010-7318-8858

위대한 절의 영원토록

오문복

세계 열강국이 서로 다투어 호시탐탐할 때에
그 사이에 끼어 있는 것이 또한 슬픔이라
바다 밖 섬 오랑캐는 사직을 엿보고
육지로 이어진 되놈 오랑캐 서울을 어지럽히니
분연히 창의함은 홍의장군 뜻과 같고
조용히 군사 움직일 계획세움 황석공 자세였네
왜놈을 섬멸하기 전에 앞서서 순국하시니
장한 마음 위대한 절의 영원토록 생각하리

列强角逐虎耽時
挾在中間是亦悲
海外島夷窺社稷
陸連胡虜亂京師
憤然倡義紅衣志
靜爾運籌黃石姿
未遂殲倭先殉國
壯心大節永追思

姓名: 吳文福　本貫: 軍威
職位: 濟州東洋文化研究所長　郵便: 699－904
住所: 濟州道西歸市城山邑新豊里八一六
電話: 782－0587 011－9667－5677

백 주년 추모행사 빛나네

윤상렬

장군께서 창의하심 우리나라 높았으니
대중통솔 왜로 구축 죽음으로 충성했네
신출한 기교재는 누가 감히 동반하며
귀경할 묘책들도 어찌 능히 같으리오
애민에 갈력하니 인정이 이어지고
구국에 투신하니 장렬하게 마치셨네
봉자와 인손까지 삼대가 순국하니
백 주년 추모행사 정정하게 선양 중이네

將軍倡義卓吾東
率衆驅倭以死忠
神出奇才誰敢伴
鬼驚妙策豈能同
愛民竭力仁情續
救國投身壯烈終
鳳子麟孫三代殉
百周追慕正揚中

姓名: 尹烈相　　本貫: 坡平
職位: 大韓漢詩學會長　　郵便番號: 130－771
住所: 서울시 동대문구 전농3동 6번지 우성상가 410호
電話: 2249－6969, 010－7216－7775

항일전쟁의 으뜸

소병돈

몸을 떨쳐 왜적 막음에 이 나라 최고인데
삼대가 죽음을 함께함도 사양치 않았네
의병 일으킴은 우국의 뜻 아님이 없고
삶을 잔인케 한 것은 다 백성 위한 공이라
충천한 용기는 천년 세월에 빛나고
해를 뚫는 충성심은 일세대의 영웅일세
의병을 기병한 지 백 주년 돌아오매
장군의 높은 절개 칭송함이 끝없어라

奮身抗日冠吾東
三代不辭應死同
倡義無非憂國志
殘生盡是愛民功
衝天勇氣千秋赫
動地忠誠一世雄
紀念起兵還百歲
將軍苦節頌無窮

玄巖: 蘇秉敦 本貫: 晉州
職位: 慶熙大 漢文學科 教授
住所: 서울 종로구 낙원동 111－3 청자빌딩 203호
電話: 02－763－4694 HP: 010－5789－7726

독립전쟁의 용맹한 자세

송태복

대한제국의 국운이 쇠퇴할 때에
백성의 위와 아래 관과 민이 모두가 상심했지
乙巳五륵약 丁未七늑약이 불법무효이기에 모-든 국민 반대할 때
사림들의 창의심을 고취하신 스승이네
충성 다해 순국하여 높은 절개 이루었고
독립전쟁 중심되어 용맹한 자세 나타냈지
민족정기 선양사업 금세인의 책임임에
석정 장군의 위대한 업적 길이길이 생각하리

大韓帝國運衰時
上下官民一切悲
勒約條規皆反對
鼓吹倡義士林師
盡忠殉國成高節
獨立戰爭見勇姿
正氣宣揚今世責
將軍偉業求懷思

姓名: 宋台復　　本貫: 淸州
職位: 慶尙南道鄕校財團理事長　　郵便番號: 621－771
住所: 慶南 金海市 三芳洞 690－1 동원APT 105동 406호
電話: 055－334－0045 HP: 011－9720－0378

열사의 충혼(忠魂) 3수

성병달

(1)

일제가 강제조약으로 합방은 나라가 약할 때였고
분한 마음 경술년에 북두칠성도 슬퍼했네
유림이 봉기하니 세상이 놀나고
각처에 함성으로 의병장이었네
역사의 충혼은 천추에 빛나고
호남 제일의 우람한 호걸이었네
당당한 대의로 목숨을 던져서
장군의 투철한 독립정신 기리 사모하네

勒約合邦國弱時
憤心庚戌斗星悲
儒林蜂起雷鳴世
各處喊聲主將師
烈士忠魂千載赫
湖南第一傑雄姿
堂堂大義投身命
獨立繼承永慕思

(2)

을사년에 왜인들이 침범하여 누질어 조약할 때
빛 없는 천지에 북두칠성도 슬퍼했구나
백성들의 눈물이 화하여 바닷물 더했고
봉기한 민중들이 장군을 지도자로 천거했도다
쌓이고 쌓인 분한 마음 원한이 깊었고
신출귀몰한 장군용태가 장엄하였스리
몸을 던진 장군의 활약이 독립으로 이어졌고
순국 충혼을 길이 사모하네

乙巳倭侵勒約時
無光天地斗星悲
淚和春雨添波海
蜂起衆民薦士師
疊疊忿心深怨恨
神將鬼沒壯嚴姿
投身活躍承獨立
殉國忠魂永慕思

(3)

왜구가 침입하여 늑약으로 합방할 때에
하늘과 땅이 놀라고 초목도 슬퍼하였도다
백성들의 눈물이 화하여 바닷물을 더했고
전국 유림들이 일어나서 군사가 누구냐고 물었구나
분한 마음 쌓이고 쌓여 천추에 한이 되고
대의는 당당하니 맹호 같은 기상일세
구국 충정으로 목숨을 가벼이 하니
父子兩代의 忠節을 만인이 사모하네

倭侵勒約合邦時
天動地鳴草木悲
百姓淚和添海水
儒林蜂起問軍師
憤心疊疊千秋恨
大義堂堂猛虎姿
救國忠貞輕盡命
一家兩節萬人思

姓名: 成炳達 本貫: 昌寧
職位: 成均館理事兼慶南道本部會長 郵便番號: 626－830
住所: 慶南 梁山市 院洞面 花濟里2628－9
電話: 011－9313－1966 (사무실 055－383－1966)

적군을 섬멸하시다

정상호

석정 장군이 창의의 바람을 높이 날리시었으니
항왜의 투지가 누가 있어서 같이 하겠는가
한마음으로 구국하시었으니 꽃다운 이름을 떨치었고
삼대에 걸쳐 몸을 다 바치었으니 대절을 다하였도다
원수의 적 섬멸을 기약하시었으니 그 정신 동해같이 넓었고
기울인 나라 맹서로 지키었으니 태산과 같이 높았도다
백 주년기념일에 시를 써서 찬양하노니
아름다운 자취 황황하여 영세토록 공을 들이겠네요

石井應高倡義風
抗倭鬪志有誰同
一心救國芳名振
三代捐身大節窮
讎敵期殲東海濶
傾邦誓守泰山崇
百周紀念題詩讚
懿蹟煌煌永世功

姓名: 丁相豪　　本貫: 昌原
職位: 江南詩社 代表　　郵便番號: 136－022
住所: 서울 城北區 城北二洞 209－12　　電話: (02)742－9532

안성(安城)의 영웅

김구현

韓末安城 땅에 한 英雄이 있었으니
慶州金의 石井 바로 그 어른일세
젊을 적 倭敵에 抗擧하여 能히 온 힘을 다하였고
倡義한 多年에 몸을 돌보지 않았네
三代를 연이어 나라에 忠誠한 그 절개
千萬人에 다한 壯烈意氣 같도다
나라의 統合을 보지 못한 채 길이 歎息하고 돌아가시니
地下에서 叮寧 恨됨 다하지(막히지) 못하니

韓末安城有一雄
慶州石井卽其翁
抗倭少日能專力
倡義多年未顧躬
三世連邦忠國節
萬千壯烈意氣同
不看統合長嘆逝
泉下叮寧恨否窮

姓名: 金九鉉
職位: 禮安鄕校典校
住所: 경남 안동시 신안동 296-3
本貫: 光山
郵便番號: 760-140
電話: 054-858-0341
019-558-6145

호남을 수호하시다

최규봉

석정 장군 창의한 지 백 주년이 되었는데
작전에서 세운 훈공 일월같이 밝도다
왜군에 항거하다 삼대가 순국하였고
사직을 역부하자 사방에서 소리하였네
독립을 희망함은 대한국민 한가지요
애국하는 정신은 삼천리강산에 가득하도다
호남수호에 심혈을 기울이신 장군님
위대한 업적 길이 전하여 길이 광영되리

石翁倡義百周成
作戰勳功日月明
抗拒倭軍三代殉
力扶社稷四方聲
希望獨立韓民共
愛國精神槿域盈
守護湖南心血注
長傳偉績永光榮

姓名: 崔奎俸 本貫: 全州
職位: 益山鄉校 典校
住所: 全北 益山市 王宮面 雙堤里 黃岩
電話: 063)291－9200, 016－626－9201

항일정신(抗日精神)의 표본

정충락

오천 년 역사가 잠시간 상했으나,
금수강산은 쉬지 않고 번창하네.
침략자 왜병들을 무수히 섬멸하고,
몸 바쳐 나라 구해 한 부분 막아냈네.
봄가을 제사 지낼 사당을 세워서,
항일정신의 표본삼아 드날리세.
석정 장군의 공적이 이 같으니,
일가 삼대가 불꽃처럼 빛이 나네.

五千歷史暫時傷
錦繡江山不斷昌
侵略倭兵無數滅
獻身救國部分防
春秋享祀祠堂建
抗日精神標本揚
石井將軍功積是
一家三代火焰光

姓名: 鄭充洛 本貫: 迎日
職位: 한성대 예술대학원 외래교수 郵便番號: 135－956
住所: 서울 강남구 청담 1동 105, 청담 씨티빌라트 402호
電話: 010－3013－5608, 02)542－5608

항일전쟁의 귀감

서태수

조선국토가 일본에게 병탄되었을 때
우리나라 백성들은 통탄의 슬픔에 빠졌네
석정장군은 겨레의 선구자였나니
왜적을 토벌하는 창의병 정난지사로다
밝고 밝은 위대한 업적 찬연한 일이오
혁혁한 공훈은 귀감의 자세이리다
항일정신은 비할 데 없음이니
충절을 선양 우러러 받들이로다

朝鮮國土倂呑時
槿域生民痛歎悲
石井將軍先驅者
討倭倡義靖難師
昭昭偉績燦然事
赫赫功勳龜鑑姿
抗日精神無比在
宣揚忠節仰承思

姓名: 徐太洙　本貫: 達城
職位: 成均館 儒道會 蔚山 廣域市 本部會長
郵便番號: 681－820　住所: 蔚山市 中區 太和洞 298
電話: 052－247－3283

모두 함께 생각해 보세

안병찬

왜적을 토벌하고 창의로 천시를 얻었는데
아깝다 장군이 순국하시니 슬프고 또 슬프다
하늘이 그대를 내신 것은 옛사람의 뜻을 이으라는 건데
삼대가 큰 장부이니 당시의 스승이었네
평민들은 나라사랑 눈물짓는 마음인데
이 나라는 만세토록 승승장구하리로다
뉘 집에 술 익었나 이봄 함께 즐기면서
달 밝은 산 깊은 곳에서 모두 함께 생각해 보세

伐倭倡義得天時
將軍殉國語悲悲
皇天生汝古人期
三代丈夫當世師
平民淚滿無限心
槿域萬代勝於姿
酒熟誰家與物春
月白山深同衆思

姓名: 安秉讚　本貫: 順興
職位: 典校　郵便番號: 376－872
住所: 忠北 永同郡 梅谷面 水院里　電話: 043－743－8362

탁연하게 뛰어난 업적

이병근

교활한 왜적이 침략하니 수년 동안 싸우다가
머리를 돌에 부딪쳐 순국하니 나라 위해 충성 이루었네
일찍이 송나라 정자와 주자의 성리학을 천명하고
만년에 창의의 깃발을 높이 들고 왜적을 무찔렀네
태평성대를 바라는 것은 동서양 모두의 소원이요
뛰어난 충의를 숭모하는 것은 천고의 진정이로세
본인뿐만 아니라 아들 손자 이어서 순절하니
탁연하게 뛰어난 업적이 만년의 청풍이로세

猾倭侵略數年爭
首突石岡報國成
蚤歲闡明閩洛學
晚年快擧義旗聲
希求仁政東西願
崇慕貞忠千古情
不啻己身孫息繼
卓然偉蹟萬春淸

姓名: 李炳根　　本貫: 光山
職位: 前成均館 顧問, 前陵州鄕校 典校　　郵便番號: 519－841
住所: 전남 화순군 도암면 천태리 495　　電話: 061－373－0527

천추에 빛나리

제명수

나라운수 위태로움을 당하여 사직이 옥이 되는 때에
통분을 감탄하여 슬픔을 이기지 못할 네라
간웅들이 나라를 파니 지탱하여 보존하기 어렵고
열사들이 충성을 다하니 남은 군사 있도다
창의한 정신은 삼대가 순절했고
왜에 항거한 기백은 만부를 당할 자세더라
장군의 장한 뜻이 천추에 빛나니
반드시 사람 사람으로 하여금 길이 사모하길 바라오

邦運當危社屋時
堪嘆痛忿不勝悲
姦雄賣國難支保
烈士貞忠有備師
倡義精神三殉節
抗倭氣慨萬當姿
將軍壯志千秋赫
必使人人永慕思

姓名: 諸明秀 本貫: 漆原
職位: 財成均館理事 住所: 慶南 固城郡 大可面 尺亭里
電話: 055－672－4162 011－9308－4162

사당을 모시고 비석을 세우자

류우형

나라가 어려울 때 충신이 나타나는 것이니
이런 때 칼을 잡고 책을 버리는 것은 이 반드시 옳은 일
왜놈들이 침입해도 막는 자가 없으니
촌 선비 석정 선생께서 먼저 나라구하러 나섰네
사람들은 다들 난을 피하기만 하고 의를 생각 안 하는데
대를 내려가며 생을 나라에 바쳤으니 자고로 드문 일이로다
장군의 사당을 모시고 비석을 세우고 해마다 축제를 올리는 것이 우리의 도리니라
장군의 높은 뜻을 서로 본받고 후손에게 전해야 한다

國難危世顯忠賢
執劍捨書是必然
倭寇侵攻無防者
村儒石井救邦先
人皆避亂不思義
歷代獻生自古鮮
成廟立碑施祝祭
將軍高志效相傳

姓名: 柳禹馨 本貫: 晋州
職位: 儒林 郵便番號: 469－884
住所: 경기도 여주군 가남면 삼군1리 316－1
電話: 031－882－2949, 011－9243－2949

적군을 쳐 부신 웅장한 용기

이량구

늑약으로 나라 억지로 빼앗아 사직이 옥 될 때
장군이 통탄하여 슬픔을 이기지 못했네
자원병으로 전쟁을 삼천 차례 치뤘고
적군을 쳐 부신 웅장한 용기는 백만의 장수 되었더라
성세의 영재는 나라를 빛낼 그릇이요
난조의 기백은 절륜의 웅자더라
공의 절의를 칭송하매 어찌 상이 없을쏘냐
기념을 장수하여 길이 추모하고 사랑하리

勒約奪權社屋時
將軍痛嘆不勝悲
願兵揮戰三千次
殺敵雄勇百萬師
盛世英才華國器
亂朝氣魄絶倫姿
頌公節義何無賞
紀念長修永慕思

姓名: 李亮九　本貫: 驪州
職位: 漢文學院長　郵便番號: 681－141
住所: 釜山市 江西區 大渚1洞1649　電話: 051－972－3479 311－8234

해와 별같이 찬연한 자취

최병권

석정공의 가문에 정기가 이어오니
찬연한 그 자취 해와 별과 같도다
지모가 특출하여 의병을 일으키니
웅자의 그 위업 끊임없이 전하리
의를 위해 목숨바쳐 그 절개 흠경하니
그 명성 영원히 감명하리라
왜적 격퇴 독립쟁취 평생의 단심덕은
나라 사랑 그의 공적 청사에 남으리라

石井家門正氣風
燦然遺躅日星同
智謀特出民兵動
偉業能傳將令雄
取義捨生欽節志
流芳永世感銘崇
抗倭獨立丹心德
青史長存愛國功

姓名: 崔柄權　本貫: 朔寧
職位: 前成均館 典學　郵便番號: 138－917
住所: 서울 松坡區 蚕室 5洞 27 住公A 522－204
電話: 02－418－3665

영웅은 원통하게 가셨네

우영도

합방의 통분함을 할 당시에
원수를 갚지 못한 한을 눈물로 슬퍼하도다
굳게 지키어 왜적에게 항거하였으니 충성과 절의가 있고
나라를 구하고자 하였으니 의리와 겸한 스승이로세
당당한 기상은 소나무 성품 같고
늠름한 정신은 학의 자태와 같도다
적막한 산하에 공의 뜻 엄숙하니
영웅의 원통하게 가심이 생각에 떠나지 않네

合邦痛憤際當時
未報仇讐恨淚悲
固守抗倭忠與節
欲成救國義兼師
堂堂氣像如松性
凜凜精神見鶴姿
寂寞山河公意肅
英雄冤逝不窮思

姓名: 禹永道
本貫: 丹陽
郵便番號: 614－800
住所: 釜山市 鎭區 伽倻1洞 8－276
電話: 051－891－5530

개선군의 깃발

신보선

金將軍의 풍공을 하늘도 우러러 볼 때
烈烈한 충성심을 나와 더불어 슬퍼했네
秋日에 가는 길 멈춰 위적을 심방하여
斜陽佇立하여 어진 스승을 생각하였네
군사를 거느리고 전쟁터에 나가 개선의 깃발이요
지혜로운 장수의 위용은 丈夫의 기상일세
報國丹誠하여 홍업을 밝히어
끼친향기 萬歲도록 영원이 빛남을 원하노라

豐功石井仰天時
烈烈精忠與我悲
秋日停巡尋偉蹟
斜陽佇立慕賢師
領兵戰場旋凱幟
智將威容丈夫姿
報國丹誠鴻業闡
遺芳萬世永彰思

姓名: 辛輔善 本貫: 寧越
職位: 成均館 典儀 住所: 慶北 醴泉郡 甘泉面 美石里
電話: 054－652－7038 HP 010－3055－0853

지리산(智異山)에서 생각하네

윤홍수

석정의 가유를 우러러 사모할 때
누구든 회고하면 슬프지 않겠는가?
정충의 창의는 천인의 어른이요
장절의 단심은 만세의 스승이네
보국의 영명은 독지를 닦았고
토왜의 의적은 유자를 벗었네
가신 뒤 오랜 해는 이제 백 년인데
지리산 계곡에서 전일을 생각하네

石井嘉猷仰慕時
誰何懷古不須悲
精忠倡義千夫長
壯節丹心萬世師
報國令名修篤志
討倭懿績脫柔姿
身亡歲久於今百
智異溪山戀去思

姓名: 尹弘洙 本貫; 漆原
職位: 定山鄕校典校 成均典儀 郵便番號: 354－814
住所: 忠南 青陽郡 定山面 西亭里 156－2
電話: 041－942－0023, 011－407－4201

백일관충(白日貫忠)

김명수

석정의 백 년생애 우러러 흠앙하니
광복한 우리국민 슬픔을 이길 수 없네
항일의 고풍은 군자 같은 도리요
망신의 대의는 장부 같은 스승이네
위공과 장기는 청예로 남아 있고
경절과 단심은 숙자로 성히했네
백일의 관충은 삼대를 이어가며
백세의 유방이라 서로들 얘기하네

仰欽石井百年時
光復斯民不勝悲
抗日高風君子道
忘身大義丈夫師
偉功壯氣餘淸譽
莖節丹心盛淑姿
白日貫忠三代績
遺芳百世話相思

姓名: 金明秀　本貫: 光山
職位: 定山支部會長 定山典校　住所: 忠南 靑陽郡 定山面 內草里 32
電話: 041－942－0811, 010－6335－0811

장렬하게 왜적을 섬멸하셨네

성태도

섬 오랑캐 창궐하여 나라 범할 때
천강 영웅 얼마나 탄식하고 슬퍼했으리
충훈 혁혁 천추의 기감이며
의적 유유 만년의 스승일세
항쟁 묘재 풍운의 진은
기개 충여 봉호의 모습일세
장열히 왜놈 섬멸 무수(三千)전을
위대한 이름 역사에 길이 생각하리라

島夷猖獗犯邦時
天降英雄幾嘆悲
忠勳赫赫千秋鑑
義績悠悠萬年師
抗爭妙在風雲陣
氣慨衷餘鳳虎姿
壯烈殲倭無數戰
偉名青史永長思

姓名: 成太鍍　本貫: 昌寧
職位: 韓國漢語協會蓬山吟社會員
住所: 釜山市 蓮堤區 蓮山四洞 620－9
電話: (HP) 011－863－2027

혁혁하게 빛나는 훈공(勳功)

성환복

섬도적 침래함에 항적할 때
지난일 찬란함을 슬픔 이기지 못해
왜놈을 배척하는 기백 눈바람의 진이요
나라구한 정신 해와 달의 모습일세
의절 천추 부디 마음 말미암고
분한 마음 만세토록 충성 다한 모습일세
백주기념 어느 누구 칭송 없으리요
혁혁한 훈공 또한 생각지 않으리요

島賊侵來抗賊時
燦然往事不勝悲
斥倭氣魄風雪陣
救國精神日月姿
義節千秋由素志
憤心萬世盡忠姿
百周紀念誰無頌
赫赫勳功亦不思

姓名: 成煥福　　本貫: 昌寧
職位: 成均館典學
住所: 釜山市 南區 大淵四洞 919－10

천장지구(天長地久)

성규만

섬 오랑캐 왜놈 창궐하여 범란할 때
몸 바쳐 항적했음 누가 슬픔 없으랴
의명 찬란하여 천추의 거울이요
아름다운 자취 밝게 비춰 만세의 스승일세
절의는 한조의 소무의 절개와 같으며
충성은 초나라의 굴원의 모습
천장지구 영영히 있을 것이며
항사 유림들의 칭송 잊지 않으리

猖獗倭夷犯亂時
捐身抗賊孰無悲
義名燦爛千秋鑑
懿蹟昭明萬世師
節似漢朝蘇武節
忠如楚國屈原姿
天長地久英靈在
恒使儒林頌永思

姓名: 成奎萬 本貫: 昌寧
職位: 成均館中史委員 韓國漢詩協蓬山吟社會長 郵便番號: 611-822
住所: 釜山市 연제구 연산四洞 620-9番地(장락시회)
電話: (051)863-6555 (HP) 011-863-2027

항왜의용(抗倭義勇)

김종관

석정 김동식 장군은 평생 일본과 투쟁하였고
지난 발자취 아름다운 이름은 백 년을 이루었네
왜에 항거한 의로운 용기는 오래오래 귀감이 되고
나라를 근심하는 충성은 만고의 소리로다
지리산 찬바람에 피눈물이 돌고
호남에 해가 기우니 따뜻한 정 멀어지네
백성을 구하고 세상을 구한 전해오는 역사는
팔도 우리나라에 영구히 맑으리라

石井平生日鬪爭
芳名往跡百年成
抗倭義勇千秋鑑
憂國忠誠萬古聲
智異寒風揮血淚
湖南落照遠溫情
拯民濟世傳來史
八域吾邦永久淸

姓名: 金鍾觀　本貫: 金海
雅號: 賢究　郵便番號: 367－862
住所: 忠北 槐山郡 七星面 道井里 207　電話: 043－832－5098

국란 시에 태어나서

한상준

석정께서 국난 시에 생장하시여
사직 위태함을 염려하시니 사람으로 더불어 슬퍼하였도다
초병은 관운장을 본받다 쓴 것이요
전술은 제갈양을 모방하여 쓴 것이로다
두 번 늑약한 것도 참으로 악몽이어니와
3세에 투신한 것은 본충성 자세로다
온 백성 창의가 전과 같이 크니
못된 행위 도왜가 다시 생각나도다

石井挺生國亂時
安危社稷使人悲
招兵能效關雲將
戰術應摸諸葛師
勒約二章眞惡夢
投身三世本忠姿
黎民倡義如前大
慢行島倭更起思

姓名: 韓相俊　　本貫; 清州
職位: 農業　　郵便番號: 312－850
住所: 錦山郡 南一面 士美里　　電話: 752－0407

꽃다운 이름 영원하리

김영수

석정 김동식 장군은 분연히 일에 맞서 싸웠으며
공은 큰 바다와 큰 산과 같이 이루었네
백성을 구하는 깨끗한 의지는 오직 발자취로 남아 있고
나라를 구한 높은 충성을 송축하는 소리이네
죽음을 당하여도 진정한 기개는 이지러지지 않았으며
평생 사랑하는 마음의 정은 아끼지 않았네
김공의 의창은 더욱 밝고 빛나니
아름다운 이름 썩지 않고 오래도록 맑으리라

石井奮然日抗爭
功如大海巨峰成
拯民素志惟餘跡
救國高忠頌祝聲
抵死難虧眞氣槪
平生不惜愛心情
金公倡義曾明耀
未朽芳名永久淸

姓名: 金永洙　本貫: 金海
雅號: 晩村　郵便番號: 367－910
住所: 忠北 槐山郡 佛頂面 牧渡里　電話: 043－833－7107

가증스러운 5적(五賊)

김택춘

산하에 장군의 바람이 불어 움직이니
범의 성낸 소리 속에 궐기하기를 같이했네
三대가 망망하게 몸은 이미 다 했지마는
千추에 혁혁한 義 다함이 없도다
정신은 건장하니 망우(곽재우)에 비하고
기상은 엄명하니 이선(송나라 문천상)을 높이도다
추한왜가 늑약 행한 것을 회상하니
五적신이 나라 팔아먹은 공으로 작을 받은 것이 밉구나

山河吹動將軍風
虎吼聲中蹶起同
三代茫茫身已盡
千秋赫赫義無窮
精神健壯忘憂比
氣像嚴明履善崇
回想醜倭行勒約
可憎五賊爵稱功

姓名: 金宅春　　　　本貫: 光山
雅號: 淸雲　　　　郵便番號: 462－803
住所: 城南市 中院區 金光二洞 동보하이빌 201호
電話: 031－748－4626

문무겸비(文武兼備)

김상원

김 장군이 창의하신 지 백 주년을 당하니
어찌 그때 나라가 기울어 가는 원통한 슬픔을 잊으랴
위대하고 장하도다 삼대충절
일문 부자와 손자도 군사에 참여하였네
목숨을 바쳐 붓을 던지고 칼을 찬 형상은
문무를 겸비한 용감한 맵시 출중하였네
왜구를 타진한 큰 업적을
환연히 찬양하고 오래도록 잊지 않기를

倡義金將百周時
曷忘傾國寃痛悲
偉且壯哉三忠節
一門父子與孫師
授命投筆佩劍像
文武兼備出勇姿
倭賊打鎭大績史
煥然贊揚永久思

姓名: 金相源　本貫: 金海
職位: 玉果鄉校二十五年連任掌議　郵便番號: 516－911
住所: 全南 谷城郡 玉果面 玉果里 169
電話: 061－362－1452

조국통일로 기리자 2수

이계익

(1)

장군님이 의병을 일으켜 이 나라를 지키시니
감동하여 오열함은 예로부터 한가지네
원수를 물리친 정신 오래오래 빛나고
내 민족 지키려든 기백은 만년의 공이로다
육도삼략을 익혀 행하여 몸소 모범을 보였고
삼대로 이은 독립투쟁 실천한 영웅이시네
슬프다! 조국은 남북으로 끊어졌고
석정 장군 공경하고 흠모하는 마음 영원하리라

將軍倡義出吾東
感咽宣揚自古同
斥寇精神千載赫
保民氣魄萬年功
六韜戰畧行模範
三代傳承實踐雄
祖國歎嘻南北斷
石中敬慕永無窮

(2)

석정 장군 창의바람 널리 떨치려 하니
백주를 맞이하는 감동은 예나 지금이 한가지네
육도삼략 전술법을 몸소 모범을 보였고
삼대를 이어 투쟁을 실천하셨네
왜구를 물리친 충절의 정신은 천년을 두고 빛이 나고
온 백성은 장군 기백을 오래도록 숭배하리라
소서를 읽고 치세와 난세를 살피고 문무를 가르치니
나라 구한 넋과 공은 영원히 잊지 못하리라

石井宣揚倡義風
白周感咽古今同
六韜戰略行模範
三代爭承實踐窮
斥寇精神千載赫
萬民氣魄萬年崇
素書治亂文兼武
救國忠魂不朽功

姓名: 李啓瀷
雅號: 雲崗
郵便: 480－071
住所: 議政府市 新谷一洞 597－102
電話: 016－390－1038

태극기 드높이

송종학

일본과 청나라 러시아의 탐식성 시대
사악 무도한 도적의 싸움터였네
김동식 장군과 봉환, 기원 3대의 충성은
나라를 위한 절의 만백성의 정표일세
인의예지의 빛나는 동방의 나라
인도를 확립하여 세계 평화를 바로하세
지구상에서 일등국 대한민국
태극기를 드높이 휘날려 광영이 되소서

倭淸蘇之耽食聲
邪惡無道島賊爭
東植鳳煥基元忠
爲國節義萬人情
仁義禮智東方國
人道確立世界淸
球上一等大韓國
高揚光榮太極成

姓名: 宋鍾學　本貫: 礪山
職位: 瑞山儒道會長　郵便: 356－883
住所: 忠南 瑞山市 仁旨面 花秀里 554　電話: 041－662－1253

목우즐풍(沐雨櫛風)

윤원섭

왜병을 격퇴시키느라 얼마나 항쟁했던가.
장군이 창의하신 지 백 주년이 되었구나.
와신상담하심에 칼 빛만 번뜩이고
(숲에 누워 쓸개를 씹는 것: 보복하려는 것)
목우즐풍하심에 총소리만 들렸구나.
(비에 목욕하고 바람에 빗질함: 바쁜 모양)
나라에 보답하는 정충은 소무(중국 한나라 충신)같은 지조요
몸을 버린 큰 절개는 악비(중국 남송 때 충신)같은 심정이로다.
산하는 적막한데 누구에게 물어볼꼬
역사의 꽃다운 이름 만고에 맑구나.

擊退倭兵幾抗爭
將軍倡義百周成
臥薪嘗膽閃刀色
沐雨櫛風聽銃聲
報國精忠蘇武志
捨身大節岳飛情
山河寂寞憑誰問
竹帛芳名萬古淸

姓名: 尹元燮　本貫: 海平
職位: (社)韓詩協會 會員　郵便: 110-841
住所: 서울 종로구 창신동 330-18(3층)　電話: 010-5535-6426

유생(儒生)과 농민이 봉기하여

권중한

장군 3대가 열심히 전쟁하여
구국 제민에 신명하시였네
창의한 유생이 봉기하여 뛰었고
지휘한 농민이 다 같이 호응하였네
성명은 이진 삼한 내하고
위력은 한 왜적을 놀라게 하였네
상담와신은 천고에 푸르렀고
지리산 수호정신 억만년 맑으리라

將軍三世烈連爭
救國濟民盡命成
倡義儒生蜂起跳
指揮農者互應聲
盛名已振三韓內
威力曾驚一寇情
嘗膽臥薪千古碧
智異守護億秋淸

姓名: 權重漢 本貫: 安東
職位: 漢學農業 郵便: 760-901
住所: 慶北 安東市 龍上洞 1148-8 電話: 821-8764

항일전쟁의 영웅

김기헌

장군님은 의리를 인도하시고 기풍을 드날리시어
항일전쟁의 영웅이여 누군들 감히 이에 비할쏘냐
천추의 흉적 대적하여 멸하시고
일편단심 나라의 어려움 이겨내시다
한 몸 나라에 받쳐 오직 충성을 다하시고
온 백성 한마음 되어 효성을 숭상하였네
공경하는 마음을 추모하며 분향하고
옷깃 여미여 경배하노니 그 혁혁한 공적 길이 빛나리

將軍倡義氣揚風
抗戰英雄孰與同
兇賊千秋應可滅
丹心一片亦難窮
捨身不顧惟忠盡
擧族同歸但考崇
追慕敬心香火奉
斂襟肅拜粲然功

姓名: 金基憲　　雅號: 仙谷
郵便: 354－041
住所: 군포시 산본동 수리한양Ⓐ 801동 1601호
電話 :031－393－5091

충렬(忠烈)의 붉은 마음

권영식

충렬 정신으로 전쟁에 나아가서
석정 장군의 용력은 대명을 이루었네
의병 하여 목숨 바침은 천추에 빛나고
순국에 몸 버림은 만세토록 소리이네
아름다운 자취에 장군은 영원이 꽃다웁고
선양한 선비들은 진정으로 슬퍼하네
백 주년 기념은 청사를 드리었고
승지에 상서로운 구름 서기가 맑더라

忠烈丹心進戰爭
石井勇力大名成
義兵盡命千秋赫
殉國投身萬世聲
懿跡將軍芳永遠
宣揚雅士悼眞情
百周紀念垂青史
勝地祥雲瑞氣淸

姓名: 權寧植 本貫: 安東
職位: 한국풍수학회경북 동부지회 고문 郵使: 791-911
住所: 慶北 浦項市 北區 竹長面 佳士里 342-2番地
電話: 054-262-4688

전국 유림이 경앙(景仰)함

유길식

왜놈을 물리치고자 창의하니 위의의 바람이 일어나고
규성이 당당하니 해를 관통함도 한가지이네
순국의 일생은 명성과 장함을 떨치고
삼대가 국가에 받쳤으니 그 절의가 무궁하네
주권을 상실한 백성과 군사는 전부 흩어지고
노예생활을 회복시킨 애국지사를 높이네
전국의 유림들이 경앙하는 추모 속에
천추의 아름다운 족적은 영원한 공이 될 것이네

驅倭倡義起威風
葵性堂堂貫日同
殉國一生名壯振
獻身三代節無窮
主權喪失民師散
奴隷回陽志士崇
景仰儒林追慕裡
千秋懿蹟永年功

姓名: 兪吉植　雅號: 道菴
住所: 서울 冠岳區 奉天 10洞 34－51号　郵便: 151－811
電話: 02－877－5510 016－385－5512

우리나라 예의(禮義)벼리

오룡근

민병을 조기하여 왜를 항거하여 다투었으니
가히 김공이 내의를 이룸을 공경한다
역력히 드리운 공은 마침내 세를 떨치고
면면히 세운 공은 멀리 소리를 떨치다
한 충은 스스로 위민의 도를 다하고
천재에 기리 호국의 정을 전하다
삼대 성심을 누가 앙치 안 하리요
오방 차세에 예의 벼리가 맑다

民兵早起抗倭爭
可敬金公大義成
歷歷垂功終振勢
綿綿立蹟遠揚聲
一忠自盡爲民道
千載長傳護國情
三代誠心誰不仰
吾邦此世禮綱淸

姓名: 吳龍根 本貫: 羅州
職位: 前雲峰鄕校典校 郵便: 590－862
住所: 全北 南原市 阿英面 九相里 電話: (063) 626－0216

정기선양(正氣宣揚)

조교환

우리나라 강산에 난리가 이어질제
장군의 용맹은 악비와 같았도다
적과 싸움 도모할제 두려운 마음 없었고
안민을 창도함엔 의지가 뚜렸했네
왜적 토벌 이름 떨침은 三代의 업적이라
구국함에 몸도 버리니 만인이 숭상했다
후생들 추모하여 제사 지내는 중에
민족정기 선양하며 큰 공을 기리네

槿域江山襲亂風
將軍勇猛岳飛同
圖謀戰敵心無恐
倡導安民意不窮
名振討倭三代業
身投救國萬人崇
後生追慕火香裡
正氣宣揚譽大功

姓名: 曺校煥　本貫: 昌寧
職位: 水如漢詩會 會長　郵便: 137－890
住所: 서울市 瑞草區 良才 1洞 95－14
電話: 02－575－6084,　011－9284－6084

대장부의 충정

최균도

난리겪고 나라 구한 항일전에
삼 년 정란 전공을 이루었네
천추에 큰 업적 청사에 기록되어
백세에 끼친 꽃다운 명성 천양하리
혁혁 충성 천명을 다하고
당당한 무략은 장부의 충정이로다
모략계책 아비의 뜻 아들 손자에 이어지고
조야관민의 성품 고요히 맑게 하네

救國經難抗日爭
三年靖亂戰功成
千秋偉蹟垂竹帛
百世遺芳闡名聲
赫赫忠誠能盡命
堂堂武略丈夫情
籌謀父志子孫繼
朝野官民性靜淸

姓名: 崔均道　本貫: 慶州
職位: 儒道會漆原支部長　郵便: 637-942
住所: 慶南 咸安郡 漆西面 會山里　電話: 587-0998

위정척사(衛正斥邪) 3수

서정기

(1)

동방의 예절 교육은 가풍이 있으니
충성과 효도의 두 가지를 나란히 한 선비들이 대동 세계 연구했네
일본제국주의자들이 기회를 타고 패권 다툼을 극도로 하니
아시아가 세력을 잃어 합동 대책을 세우기 어려웠도다
양심을 간직하고 욕심을 막으면 정신이 늠연하고
정의를 수호하고 사악을 물리치면 도덕이 숭고하므로
석정 장군이 먼저 의병을 일으키니
호남을 해방하여 무공을 진동했도다

東方禮教有家風
忠孝兩班致大同
日帝乘機爭覇極
亞洲失勢運籌窮
存心遏欲精神凜
衛正斥邪道德崇
石井將軍先倡義
湖南解放震武功

(2)

열강의 제국주의가 식빈시 쟁달진을 벌어서
껍질을 벗기고 토막 냄에 다투어 방자하니 원한을 얽은 세상을 만들도다
물귀신처럼 속임수를 쓰니 얼이 빠지고
산도깨비처럼 유혹을 하니 넋이 나가 소리도 못 낸다오
오랑캐를 물리치고 패권정치를 천하게 여김은 춘추의 법이요
부끄러움을 씻고 원수를 갚음은 사해 인류의 감정이니
일본에 항거하는 우리 민군이 웅거하여 지킨 땅인
지리산 벌판은 고금에 깨끗하였네

列强帝國植民爭
剝割競恣搆怨成
魍魅詐欺魂失色
魎魑誘惑魄呑聲
攘夷賤覇春秋法
雪恥復讐四海情
抗日民軍雄據地
方丈山野古今淸

(3)

옛날에 일본제국주의가 강제로 점령할 때에
꼭두각시 임금 융희(순종년호 1907년)의 해와 달도 슬펐다네
민중은 원한을 머금고 달려가서 5적을 성토하고
산림학자 양반은 정의를 밝혀 의병을 일으켜 왜군을 토벌했도다
사랑으로 하여 대적할 이 없음은 영웅의 학문이요
악을 징계하여 할 말이 있음은 군자의 자세로다
새 아시아의 화해를 강구함은 모름지기 돈독하게 믿어야 보장할지니
뚜렷한 전날의 거울을 어찌 세 번 생각하지 않으리오

往年日帝强占時
郭主隆熙日月悲
民衆含怨赴討賊
山林仗義起興師
爲仁無敵英雄學
懲惡有辭君子姿
新亞講和須篤信
昭然前鑑盍三思

姓名: 徐正淇
本貫: 大丘
職位: 동양문화연구소 소장
住所: 서울 은평구 대조동 45－2
電話: 02－354－7877

높은 산이어라

이룡래

침입 왜병을 막으며 싸우시니
국가를 수호하시는 데 큰 공을 이루었다
적진지를 격파하여서 만세 소리요
단합하여 대결이 민족의 뜻이다
정기와 선양이 나날이 맑아진다
안정하고 현가 노래는 기쁘고 한이 없다
석정 장군의 두터운 덕은 높은 산과 같으니
후세에 은혜는 항상 잊지 말아라

侵入倭兵防衛爭
國家守護大功成
敵陣擊破萬歲聲
團合對決民族情
正氣宣揚日日淸
安定絃歌無限樂
石井厚德如高山
後世恩慧不常忘

姓名: 李龍來 本貫: 全州
職位: 樂安鄕校儒道會 會長 郵便: 546－903
住所: 全南 寶城郡 筏橋邑 長岩里 160
電話: 061－857－2748 휴대폰 010－6602－2748

높은 공을 우러러 사모하며

이영구

장군이 국난의 때에 나시어
국운이 쇠하는 데 이기지 못하여 몇 번이나 슬픔을 뿌렸는가
의병의 기치 앞엔 자원병이 다투어 모이고
출병하는 진 앞엔 주맹사 되었네
간과로 적을 치니 왜놈 간담이 서늘하고
총검으로 쳐오는데도 늠름한 자세 보였네
100주를 추념하는 때 무엇으로 위로할까
높은 공을 앙모하여 깊이 오래 사모하리

將軍挺出國難時
衰運不勝幾灑悲
義旅旗前爭自募
出兵陣處主盟師
干戈擊敵寒倭膽
銃劒攻來凜秀姿
追念百週何以慰
崇功仰慕永長思

姓名: 李泳九　　本貫: 驪州
郵便: 607－063
住所: 釜山市 東業區 溫泉 3洞 1218－16
電話: 055－501－3617

장군의 위대한 공적

김종구

장군의 위대한 업적을 누가 다툴 수 있으랴
민족정기를 고양하여 권위를 이루었도다
생전 전공은 타의 귀감이 되었고
사후의 장한 절개 명성을 떨쳤도다
삼대에 걸쳐 일본에 항거함은 충성의 의지요
의병을 일으킨 지 백 주년에 경모의 정을 다하네
나라 위한 정신을 어찌 추앙하지 않으며
꽃다운 이름 역사에 실려 큰 바다같이 맑도다

將軍偉績有誰爭
正氣高揚泰斗成
生必戰功爲典範
死當壯節振名聲
抗倭二代忠誠意
倡義百周景慕情
救國精神何不仰
芳名史載大河淸

姓名: 金種龜 本貫: 金海
職位. 大田忠南儒林會事務處長 郵便. 306 010
住所: 大田市 大德區 梧井洞 489－22 電話: 016－401－1151

충혼불후(忠魂不朽)

최병선

나라를 구제하고자 목숨 다해 싸웠고
몸을 던지고 힘을 다해 큰 공적 이루셨네
산하에는 깃발 휘두르던 모습 보이는 듯하고
해륙에는 싸움 독려하던 소리 들리는 듯하네
나라의 번영은 임금님의 뜻이었고
시골의 편안함은 장군의 정이었네
충혼은 썩지 않고 천추토록 빛나고
창의하신 정신은 만세토록 청순하리라

欲濟邦家盡命爭
投身竭力偉功成
山河每看揮旗像
海陸常聽督戰聲
社稷繁榮君主意
閭閻逸樂將軍情
忠魂不朽千秋赫
倡義精神萬歲淸

姓名: 崔炳璇　本貫: 全州
職位: 山陽書院長　郵便: 245－803
住所: 江原道 三陟市 遠德邑 湖山里
電話: 033－572－6100 HP 011－9787－6101

호남해방(湖南解放)

문도한

장군의 창의 당시를 생각하니
누란위기의 국조에 슬픔을 견딜 수 없어
각 유림들이 봉기함에 삼천의 군중이요
병사를 양성함에 십여만의 군사로다
전쟁 속에서 신출귀몰한 묘책은 신적인 계책이요
적군 앞에서 호령치는 위연한 자세로세
호남해방 공적이 혁혁하니
민족정기를 선양한 위대함이여!

緬憶將軍倡義時
國朝累卵不勝悲
儒林蜂起三千衆
兵士養成十萬師
戰裏妙謀神的策
敵前號令偉然姿
湖南解放功勳赫
民族宣揚正氣思

姓名: 文道漢　號: 玉溪
職位: 固城鄕校儒道會長　郵便: 638－802
住所: 慶南 固城郡 固城邑 牛山里 389　電話: 672－0783 010－9281－1472

사당을 지어 춘추향사(春秋享祀)하세

권재홍

석정공의 항일 투쟁한 것을 추모하며
다시금 역사에 빛난 큰 공 이루어진 것을 감탄하겠네
단신의 용기와 무력으로 위세를 펼쳤고
각계의 양반과 유생이 구원의 성원을 보냈지
나라를 구하는 한결같은 마음은 의거를 전제로 했고
가정을 잃은 삼대가 충성의 심정을 바쳤구려
춘추향사로 신령한 넋을 위안시키세
민족정기 선양하여 혼탁한 세상 맑게 하리

追慕石井抗日爭
更歎輝史大功成
單身勇武張威勢
各界班儒送援聲
救國一心提義擧
忘家三代貢忠情
春秋享祀安靈魄
正氣宣揚濁世淸

姓名: 權宰興 本貫: 安東
職位: 鷹峰書堂訓長號葛亭 郵便: 133－080
住所: 首爾城東區鷹峰洞 新東亞A 三棟 百六號
電話: 2296－9579

영원히 추모하리

김재덕

장하도다 석정 선생 왜적을 물리칠 때
삼대가 의롭게 몸을 바쳤으니 어찌 슬프지 아느냐
지극한 효도로 어버이를 섬김은 인륜의 근본이요
참된 충성으로 나라를 위한 의용의 군사로다
기미를 틈타 지략이 명중하는 술책이요
싸움 나가 위의가 열절한 자태로다
회고하니 끼치신 공덕 이같이 위대하니
위대한 공훈 세상을 깨우쳐 영원히 추모하리

偉哉石井斥倭時
三代殉難豈不悲
至孝事親倫理本
丹忠爲國義勇師
乘機智略明中策
臨戰威儀烈節姿
懷古遺功如此大
偉勳警世永追思

姓名: 金在德　本貫: 安東
職位: 忠北槐山鄕校掌議　郵便: 367－805
住所: 忠北 槐山郡 槐山邑 東部里 3區 614－1
電話: 043－832－2372

교훈으로 전해야

오렴수

의병하여 충신으로 전쟁에 나아가니
석정 장군 기념함이 백 주년 이루셨네
장군의 절조는 천추에 빛나고
순국정신은 만세에 소리이네
추모하는 꽃다운 이름 교훈으로 전해오고
무공으로 목숨 바쳐 진정 한이더라
빛나고 빛나는 위대한 업적은 청사에 드리웠고
훌륭한 덕과 상서로움은 영원히 이 세상에 맑으리라

倡義忠臣進戰爭
石井紀念百周成
將軍節操千秋赫
殉國精神萬世聲
追慕芳名傳教訓
武功盡命恨眞情
煌煌偉績垂靑史
懿德祥雲永歲淸

姓名: 吳廉秀　　本貫: 海州
職位: 前 浦項市 行政事務官　　郵便: 691－843
住所: 포항시 죽도 2동 620－36 왕실매트로빌 301호
電話: (054) 274－0880 HP 010－4504－0880

천하영웅(天下英雄)

박종환

일본군이 침략하여 나라가 위태로운 때
정치하는 양반들은 모여 대책 없이 도장만 찍고 슬퍼만 한다
힘을 앞세워 억지로 조약을 체결하니 만백성이 눈물 흘리고 바라만 보는데
장군께서는 의병을 많이 모집하여 스스로 장수가 되어 싸웠도다
한집안에서 자식과 손자 3대가 몸을 던져 싸우다가 죽었으니
그 큰 공덕 잊혀지지 않고 용감무쌍한 자태가 눈앞에 어른거리네
그의 구국정신과 전과는 천하영웅임이 충분한데 이제야 알게 되어
후세 사람들에게 거울같이 전해져 그의 공훈을 영원히 생각하리라

日軍侵略國危時
政治兩班會策悲
勒約締結民淚落
義兵蜂募自元師
一家三代投身戰
功德不忘想像姿
天下英雄今世知
後人鑑傳永勳思

姓名: 朴鐘桓　　貫鄕: 密陽
職位: 儒道會 慶南道本部 組織局長　郵便: 626－834
住所: 慶南 梁山市 院洞面 西龍里 1012
電話: 055－383－5412　　HP: 010－4552－5412

생명을 버리고 정의를 쟁취했네

이대렬

삼대가 몸을 던져 피 얼룩진 싸움터에 나갔으니
이와 같은 굳센 의지 누가 능히 이룰 것인가?
삶을 버리고 의리를 취했으니 천 년이나 우러르고
나라 구해 백성 편안토록 했으니 만고에 명성이라
목숨 바친 충성심은 나라를 붙들었고
병사 모집 열성 다해 참된 뜻 펼치었네
존엄하고 거룩한 업적 추모하는 가운데
석정 장군 꽃다운 이름 하늘도 헤아릴지라.

三代投身就血爭
如斯鬪志孰能成
捨生取義千秋仰
救國安民萬古聲
殉節忠心扶社稷
募兵熱意發衷情
崇高業績追思裏
石將芳名諒太淸

姓名: 李玳烈　　本貫: 京山人
職位: 成均館 典仁　　郵便: 719－851
住所: 慶北 星州郡 月恒面 安浦里 544　　電話: 054－932－9157

독립전쟁

허복만

장군께서 창의하신 지 百 週年에
딩시 혼조를 생각하면 누구나 슬퍼하지 아니하리오!
後世를 위한 지심은 君子의 節介요!
솔선하고 수범함은 큰 사람과 같은 스승이로다
救民을 위한 뜻 中興의 업적이요
나라 위해 몸 바친 정신 上智의 자세로다
독립 위하여 싸움! 승전리에!
빛나고 빛난 쌓은 공적 길이길이 이어 가소서

將軍倡義百週年
緬憶昏朝孰不悲
爲後持心君子節
率先垂範丈人師
救民意志中興業
殉國精神上智姿
獨立戰爭勝戰裡
積功赫赫永承思

姓名: 許福萬　　雅號: 重淵
本貫: 陽川　　生: 乙亥
郵便: 638－831　　職位: 慶南固城鄉校典校
電話: 674－5266 010－3151－3667

3한(三韓)을 수호하시다

오광근

장군께서 창의하여 수년간을 전쟁했고
오랜 전투에 많은 공으로 큰 뜻을 이루었도다
애국하는 정신은 구국하고자 하는 한이요
제민하는 기백은 백성 사랑하는 정이었네
당당한 바른 의리 천추에 빛나고
열렬한 곧은 충절 만세토록 밝도다
삼한을 수호하려고 총력을 기울이셨으니
향기로운 이름 깨끗하여 길이 광영이리라

將軍倡義數年爭
久戰多功大意成
愛國精神求國恨
濟民氣魄愛民情
堂堂正理千秋赫
烈烈貞忠萬世明
守護三韓傾摠力
芳名不朽永光榮

姓名: 吳光根　　本貫: 海州
職位: 儒道會益山支部會長
住所: 全北 益山市 三箕面 龍淵里弓橋
電話: 063)858－7188 011－9922－6599

호남을 지킨 공적

소병창

섬도적이 침공하여 오래 전쟁을 하였고
석정장군께서 창의하신 지 백 주년이 되었네
한일합방의 치욕은 천추에 한이 되고
대한 독립을 희망하는 만세소리로다
호남을 수호함에 큰 업적을 닦았고
사직을 광부함에 충정을 다하였네
당당한 기백은 아침태양 같고
열렬한 정신은 수정같이 맑도다.

島賊侵攻久戰爭
將軍倡義百周成
合邦恥辱千秋恨
獨立希望萬歲聲
守護湖南修偉績
匡扶社稷盡忠情
堂堂氣魄如朝日
烈烈精神似晶淸

姓名: 蘇秉昌　　本貫: 晋州
職位: 益山鄕校儀典掌議, 成均館典學 儒道會益山支部首席副會長
住所: 全北 益山市 南中洞 173－14
電話: 063)856－8448 011－673－8448

천추에 빛나는 공적 2수

배순조

(1)

충심은 가히 당시에 분발하였고
의병을 일으키는 정신은 용감한 대장부들의 가엾음이라
왜병에 항거하여 벗으로 더불음이 없고
사직을 힘써 붙잡았으며 軍師가 남음이 있도다
의젓하고 엄숙히 제압함으로 높은 절개 으뜸이요
덕화를 이은 것 같아 역시나 기묘한 자태로세
백 주년을 이에 기념하건대
천추의 의적과 추모한 생각 우러러봅니다

忠心奮發可當時
倡義精神壯士悲
抗拒倭兵無與友
力扶社稷有餘師
威嚴制壓元高節
德化猶承亦妙姿
一百週年玆紀念
千秋懿蹟仰追思

(2)

의병을 일으키는 정신 옛적 그 당시를 생각건대
하늘을 찌를 듯한 열기 크게 사랑하고 가엾게 여김 느끼시고(念慈悲)
항왜 투지에 풍운으로 진 치고
구국 단심으로 해와 달님의 스승이로세
근화를 배양함은 고태를 더함이요
태극기를 계양함은 진실한 자태를 은익함이라
뛰어난 굳센 절개 뉘가 능히 미치리까?
백 주년을 기념하며 추모한 생각 우러러보노라

倡義精神憶昔時
衝天烈氣感慈悲
抗倭闘志風雲陣
救國丹心日月師
培養槿花增古態
揭揚旗幅隱眞姿
超凡勁節誰能及
一百週年仰慕思

姓名: 裵順祚　本貫: 星州
職位: 成均館典仁　郵便: 540－942
住所: 全南 順天市 南亭洞 139－8　電話: 061－744－1344 011－9606－1344

역사책이 깨끗하네

이유길

나라를 사랑하는 충성심으로 용감하게 투쟁하니
백 년 동안 숨겨진 자취 다시 이름이 알려졌네
당당한 의기는 천추에 빛나고
열렬한 정신은 만세에 명성이 남으리
병사들이 세운 공은 왜놈을 물리치는 일이요
장군의 숭고한 사업은 인민을 보호하는 마음이라
한집안에 아버지와 아들이 이어서 같이 순절하니
역사의 필법을 드날려 역사책이 깨끗하도다

愛國忠心敢鬪爭
百年潛績復名成
堂堂義氣千秋赫
烈烈精神萬歲聲
兵士樹功驅逐事
將軍崇業保民情
一門父子連同殉
史筆揄揚竹帛淸

姓名: 李有吉　本貫: 永川
職位: 成均館儒道會禮安支部會長　住所: 安東市 祿轉面 元川里 835
電話: 054－852－2642 010－9525－2642

역사의 교훈

장상윤

구국 정신으로 전쟁에 나아갔고
의병을 일으켜 기념이 백수에 이뤄졌네.
장군의 송덕은 천추로도 빛나고
장사의 원혼은 만세로도 소리 나네.
청사에 유공은 교훈으로 전해지고
단심의 적은 참뜻으로 본을 받네.
방명은 불휴하여 추모로 이어져서
항거한 훌륭함은 서기가 맑아 있네.

救國精神進戰爭
義兵紀念百周成
將軍頌德千秋赫
壯士冤魂萬世聲
青史遺功傳敎訓
丹心懿蹟效眞情
芳名不休連追募
抗拒堂堂瑞氣淸

姓名: 張相閏 本貫: 蔚珍
職位: 校長
住所: 慶北 蔚珍郡 蔚珍邑 邑內里 559－23
電話: 자택) 054－782－1157 휴대폰) 011－9744－1157

순국(殉國)한 가문(家門)

성달영

을사년 왜구가 강제로 合邦할 때
하늘과 땅은 피눈물을 흘리고 북두칠성도 슬퍼하였다
당당한 충성의 넋은 만 세상에 전해지고
열렬한 장부로서 용감한 스승으로 천거하였도다.
첩첩이 쌓인 분한 마음은 천년이 지나도 한이 남아 있고
날랜 장수는 귀신도 물리치는 용감한 호랑이 자세더라
몸을 바친 정절은 청사에 빛날 것이고
나라 위해 몸 바친 가문은 영원토록 생각나게 하네

乙巳倭仇勒合時
乾坤泣血斗星悲
堂堂忠魂傳民世
烈烈丈夫薦勇師
疊疊憤心千歲恨
神將鬼沒猛世姿
投身貞節顯靑史
殉國家門永慕思

姓名: 成達永 本貫: 昌寧
職位: 成均館儒道會 慶尙南道本部總務局長 郵便番號: 630－822
住所: 慶南 馬山市 檜原二洞 대림 101－309
電話: 055－248－8350 011－9031－8350

만고에 빛나네

남중락

석정 장군이 대갈하니 범 우는 소리같이 바람이 일어나고
왜적은 죽은 사람 혼이 되어 진멸하는 것과 같다
절의는 산과 같으며 젊은 기운은 다하지 않고
지모는 바다같이 넓고 무궁하도다
당당하신 정기는 화창하게 선양되고
혁혁하신 정신은 높이 경모하도다
삼대의 충성이 가승에 있으니
만고에 빛나는 훈공을 세웠도다

石老大喝虎吼風
倭賊驚魂殄滅同
節義如山青不竭
智謀若海闊無窮
堂堂正氣宣揚暢
赫赫精神敬慕崇
二代忠誠家乘在
輝光萬古樹勳功

姓名: 南重洛
雅號: 嵐溪
本貫: 英陽
郵便番號: 471-826
住所: 京畿 九里市 水澤二洞 589-10
電話: 031-562-1764 010-3077-1764

충혼만세(忠魂萬歲)

박종원

의병으로 구국하니 외침에 싸우셨고
일편단심으로 큰 공훈 이루었네
애족 정신으로 사적에 빛나고
장군 항거하니 명성을 떨치었네
충혼은 만세로 원한이 전해오고
향복은 천추도로 심정을 감동하네
백주 기념이 추모의 자리이고
공훈은 교훈으로 영년이 맑으리라

義兵救國外侵爭
一片丹心偉烈成
愛族精神輝史蹟
將軍抗拒振名聲
忠魂萬歲傳寃恨
香馥千秋感性情
紀念百周追慕席
功勳教訓永年淸

姓名: 朴鍾元　　本貫: 密陽
職位: 蔚珍郡 朴氏宗親會長　　郵便番號: 767－870
住所: 慶北 蔚珍郡 近南面 守山里
電話: 054－783－9855 011－810－6257

겨레를 사랑하는 정신

남상수

의병에 충성으로 전쟁에 나아갔고
석정 장군 기념이 백 주년 이루셨네
장군에 절조는 천추에 빛나고
애족정신은 만세에 소리나네
항일투신은 사적에 전해오고
보민진명 하니 마음 뜻 감동하네
산속에서 자결하니 명덕이 빛나고
좋은 곳에 비 세우니 서기가 맑더라

倡義忠誠進戰爭
石井紀念百周成
將軍節操千秋耀
愛族精神萬世聲
抗日投身傳史蹟
保民盡命感心情
山中自決煌明德
勝地碑銘瑞氣淸

姓名: 南相修　本貫: 英陽
職位: 成均館儒道會 浦項市支部長　郵便番號: 790－192
住所: 浦項市 南區海島二洞 91－4番地
電話: 054－272－6920 011－819－6920

백세(百世)의 스승

김석환

한말에 우리나라를 침탈당했을 때에
백성들 가슴에 슬픔이 가득했지
충성은 빛나서 천추에 우뚝하고
대의는 당당해서 백세의 스승이로다
외군을 토벌해서 생명을 버린 것이 진정한 정기요
국권회복을 위해서 목숨을 아끼지 않는 것이 영웅이로다
부자 손 삼대가 독립운동 하다가 죽은 일은
청사에 선양하여 지나간 공적을 천명해야 한다

韓末吾東失國時
黎民胸裡總含悲
精忠赫赫千秋赫
大義堂堂百世師
抗日捐生眞正氣
復邦授命是雄姿
殺身三代成仁事
青史宣揚闡去思

姓名: 金石煥
本貫: 金海
職位: 儒林
郵便番號: 681－240
住所: 蔚山 廣域市 中區 校洞 244－3
電話: 011－849－6780

온 세상 사람이 추모하네

류기찬

왜적을 치는 데 궐기함은 장군의 바람이요
창의의 선봉에서 범이 울부짖듯 했네
나라에 보답하는 단심은 충을 잊지 않았고
몸 바친 장한 뜻 절개는 궁함이 없었네
생전의 높은 행실은 천추에 모범이요
사후에 꽃다운 이름 만세에 숭상하도다
가이 끼친 은혜 역사에 드리웠으니
세인이 추모하며 원공을 찬양하도다

討倭蹶起將軍風
倡義先鋒虎吼同
報國丹心忠不忘
獻身壯志節無窮
生前卓行千秋範
死後芳名萬歲崇
可以遺恩垂竹帛
世人追慕讚元功

姓名: 柳基燦 雅號: 松巖
本貫: 全州 年齡: 74歲
郵便番號: 446-560
住所: 龍仁市 器興區 麻北洞 교동마을 쌍용Ⓐ 103-903

빛나는 영웅으로

고병덕

장군의 위적의 유풍을 추모함에 있어서
신섬으로서 뜻을 맺음은 제갈공명과 같네
륵약으로서 합방 당함은 영원한 수치였고
용병의 귀신같음은 무궁한 계략이었네
평생의 맹용은 산하같이 장렬했고
삼대의 정충은 일월같이 영광으로 빛날 것이네
창의의 백 주년 기념에 있어서
영웅으로 추대하여 공적을 현창하세

將軍偉績慕遺風
志結身殲葛亮同
勒約合邦羞永遠
用兵如鬼略無窮
一生猛勇山河壯
三代精忠日月榮
倡義百周年紀念
英雄推戴顯彰功

姓名: 高柄德　雅號: 錦坡
本貫: 開城　郵便番號: 136－817
住所: 서울 特別市 城北區 石串洞 112－12
電話: 02－967－2640 CP 019－548－2640

나라를 수호하는 웅대한 전략

박일순

석정선생께서 당당한 위세로 일본을 대항하여 다투시니
평생에 창의하시여 대명을 이루시고
충군하는 장지는 용감무쌍한 기개요
나라를 보호하는 웅도는 제일의 명성일세
원수를 섬멸하는 때엔 동해가 광활하고
나라가 기울 때 수호하기를 맹세하니 태산과 같은 정이라
100주 기념에 시를 지어서 축원하매
의적이 황황하여 만세에 맑으도다

石井堂堂抗日爭
生平倡義大名成
忠君壯志無雙氣
護國雄韜第一聲
讐敵期殲東海濶
傾邦誓守泰山情
百周紀念題詩祝
懿績煌煌萬世淸

姓名: 朴一淳　本貫: 順天
職位: 前成均館明倫會長　郵便番號: 131－141
住所: 서울 중랑구 묵－동 신내아 407－404
電話: 3422－3371

청사(靑史)에 빛나는 비명(碑銘)

남종술

창의 충성으로 전쟁에 나가고
몸 바쳐 나라 구하니 명성을 떨치었네
장군의 위대한 자취는 무궁하게 이어저서
애족정신은 영원한 소리로다
왜적을 토벌함에 당당함은 교훈으로 전하여서
승리를 취함에 혁혁함은 심정 감동하네
산중에 목숨 바치니 천추에 한이 되나
청사에 비명은 승경이 맑더라

倡義忠誠到戰爭
投身救國振名成
將軍懿蹟無窮繼
愛族精神永遠聲
對敵堂堂傳教訓
石井赫赫感心情
山中盡命千秋恨
青史碑銘勝境清

姓名: 南鍾述　　本貫: 英陽
職位: 蔚珍郡 西面長　　郵便番號: 767－800
住所: 울진군 울진읍 2區 51－13　　電話: 011－9976－6204

왜노(倭奴) 격퇴 2수

배연우

(1)

왜노를 격퇴하여 위풍 떨칠 때
석정 장군 지휘하는 기 함께했네
5적의 흉모 어찌 유익함이 있을고
양반의 지략 무궁하네
진충보국 붉은 마음 비추고
임전용병 장한 뜻 높도다
창의 백주기 추모 속에서
그 이름 죽백에 드리워 큰 공 기리세

倭徒擊退振威風
石井麾旌可與同
五賊凶謀何有益
兩班智畧乃無窮
盡忠報國丹心照
臨戰用兵壯志崇
倡義百週追慕裡
名垂竹帛讚弘功

(2)

왜노를 추방하고 내나라 건질 때
석정 장군이 지휘하는 기 함께했네
적병을 토벌할 때 지략 드러냈고
고국을 바로 세움 훈공을 다했네
기모가 혁혁하여 수시 변화되고
대의 당당하여 도처에 뛰어나네
목숨 받친 정충 누가 찬미치 않을고
그 이름 죽백에 드리워 무궁하여라

倭徒追放濟吾東
石井麾旌可與同
討伐敵兵彰智畧
匡扶故國盡勳功
奇謀赫赫隨時變
大義堂堂到處雄
捨命貞忠誰不讚
名垂竹帛永無窮

姓名: 裵然愚　本貫: 慶州
職位: 사회봉사　郵便番號: 157－230
住所: 서울 강서구 개화동 415－12 신대마을길 9－9
電話: (02)2664－6922 (011)775－6922

용맹한 장군의 얼

유남준

어지럽고 험한 세상 의창함은 영풍을 일으킴이고
용맹한 상군의 혼은 헤를 꿰어 뚫음과 같네
사사로운 일은 뒤로 미루는 것은 본 성품이며
안민을 선도함은 그 뜻이 무궁하네
일생을 바쳐 순사함은 모든 이의 모범이며
삼대에 걸쳐 목숨 바쳐 나라를 위함은 만인이 숭앙하네
정기를 선양하여 추모하는 속에
충정 애국함은 영원한 공일세

亂危倡義起英風
勇猛將魂貫日同
私事後慮心性稟
安民先導意無窮
一生殉死千人範
三代投命萬衆崇
正氣宣揚追慕裡
忠情愛國永年功

姓名: 兪南濬　　雅號: 松亭
本貫: 杞溪　　郵便番號: 136－873
住所: 서울 성북구 하월곡동 88－185　　電話: 912－4681 011－368－9611

의렬(義烈)의 집안 전통

박병철

장군은 혁혁히 왜병을 토벌하여
의열이 가전되어 위대한 공적 이루었네
우국정충을 탄식하며 절규했고
대한 호위의 장지로써 선포했네
만민이 송덕하여 높이 흠모했고
천세에 칭양하여 그 뜻을 잊지 않네
자주는 생존을 지키는 큰길이요
아리따운 대절조의 기운 상서롭고 맑기도 하여라

將軍赫赫討倭爭
義烈家傳偉績成
憂國精忠嗟絶叫
護韓壯志布宣聲
萬民頌德尊欽慕
千世稱揚仰憶情
自主生存安衛道
芳名大節氣祥淸

姓名: 朴炳哲 本貫: 密陽
職位: 舒川鄕校 掌議 郵便番號: 325－805
住所: 忠南 舒川郡 舒川邑 屯德里
電話: 041－953－1753, 011－9375－6632

유도(儒道)정신 선양

박석현

석정 장군 도적을 막아 싸우신 공은
빛나는 충훈이 일월과 같도다
덕의와 지모는 용의 기상이요
붉은 마음 용맹한 지략 범 같은 영웅이라
몸과 넋의 높은 절개 민생을 구원했고
숨은 듯 나타난 듯 왜적 무찌르니 나라운세가 통하도다
우리 도를 선양하여 기록된 업적(공적)을 밝히여
장군의 추모가 영원토록 다함이 없어라

石井抗賊鬪爭功
赫赫忠勳日月同
德義智謀龍氣象
丹心勇略虎英雄
身魂卓節民生救
隱現屠倭國運通
吾道宣揚明紀績
將軍追慕永無窮

姓名: 朴錫鉉　　本貫: 密城
職位: 유도회 대구시 남구지부　　郵便番號: 705-803
住所: 大邱市 南區 大明九洞 468-2　　電話: 053-656-9891

3대의 혈족이 산화했네

유완준

하늘에서 지력이 풍부한 용장을 내려보내 주시었으니
올바른 충성심과 용맹은 오로지 한 가지 마음뿐일세
전쟁을 도모함에 의지는 두려움 없이 호성을 치고
백성의 편안함을 도모 그 의지가 궁색하지 않구려
왜군 물리치는 데 삼대가 피를 흘려 산화하니
구국을 위한 투신정표 길이길이 숭상되리라
후생들이 제물 앞에 추모하는 자리 연연하니
만인들은 삼대용장 그 공 영원히 칭송할 것이로구나

天使勇將振力風
貫日貞忠一心同
圖謨戰事嗥聲恐
百成安民意不窮
討倭三代血族散
身投救國靜表崇
後生祭物追慕裡
滿人稱頌永年功

姓名: 兪完濬 雅號: 松泉
本貫: 杞溪 郵便番號: 412－802
住所: 경기 고양시 덕양구 관산동 유승Ⓐ 102－502호
電話: 031－964－9727 011－9930－7673

항일(抗日)의 충혼(忠魂)

남구서

우국정신으로 전투에 싸우셨고
의병 애족으로 큰 공훈 이루었네
투신한 열렬함은 천추에 빛나고
목숨 다함 당당하니 만세토록 소리나네
의덕은 무궁히 절조가 빛나고
방명은 영원이 마음 뜻 향기 나네
보민의지는 모범이 전해오고
항일 충혼은 사적이 맑더라

憂國精神戰鬪爭
義兵愛族偉勳成
投身烈烈千秋赫
盡命堂堂萬歲聲
懿德無窮煒節操
芳名永遠馥心情
保民意志傳模範
抗日忠魂史蹟淸

姓名: 南龜瑞　　本貫: 英陽
職位: 英陽南氏縣監公派花樹會長　　郵便番號: 767－800
住所: 慶州 蔚珍郡 蔚珍邑 井林一里
電話: 054－782－9614 019－577－9614

주권수호(主權守護)

황건성

석정 장군 붉은 충성 항일하여 싸웠고
장엄하게 순국하여 위대한 공훈 이루었네
노장은 거병하여 영웅적 지모로써 대항했고
창의 선봉자로서 항상 독려하는 소리 높았네
만세에 선양하고 교훈됨이 마땅하고
천추에 계술하여 그 높은 뜻을 잊지 않으리
주권을 수호하는 데 전심력을 다했고
삼대에 몸을 던져 아름다운 절의가 청명도 하도다

石井丹忠抗日爭
莊嚴殉國偉勳成
擧兵老將英謀智
倡義先鋒督勵聲
萬歲宣揚宜效範
千秋繼述不忘情
主權守護全心力
三代投身懿節淸

姓名: 黃健性 本貫: 昌原
職位: 舒川鄕校 掌議 郵便番號: 325－805
住所: 忠南 舒川郡 舒川邑 花城二里 電話: 041－953－3545

민족정기 선양하니

유덕선

우리나라 강산에 위기의 바람이 일어나고
장군의 용맹은 하늘의 뜻이네
순국의 일생은 명성과 장함을 떨치고
삼대가 국가에 받쳤으니 그 절의가 무궁하네
주권을 상실하니 백성과 군사들이 흩어지고
노예생활 회복시킨 애국지사 숭배하네
유림들이 추모하여 제사 지내는 속에
민족정기 선양하니 영원한 공이 될 것이네

江山槿域起威風
勇猛將軍天意同
殉國一生名壯振
獻身三代節無窮
主權喪失民兵散
奴隷回陽志士崇
追慕儒林香火裡
宣揚正氣永年功

姓名: 兪德善　　雅號: 書村
本貫: 杞溪　　郵便番號: 137－060
住所: 서울 瑞草區 方背洞 867－15 삼성파크빌라 201호
電話: 02－3481－0452 011－9769－0918

지리산에 머물러 있으리

이상우

하늘이 석정을 내려 왜와 저항해 싸울 때
호남과 영남의 민군이 의리로써 결성하였네
선봉에 서서 출진할 때는 위용을 떨치고
장도에 치달을 때는 함성소리 높도다
설욕을 하고 원수를 갚고저 왜적을 서찬하고
충성을 다하기 위해선 자신의 사정은 아랑곳없네
그 위대한 영혼 지금 어디에 머물러 있을고
지금도 그때와 같이 수려한 지리산에 머물러 있으리

天降石井抗倭爭
湖嶺民軍義結成
先鋒出陣振威勇
壯道馳驅高喊聲
雪辱報讐夷鼠竄
盡忠不關自私情
偉大靈魂何處在
智山麗秀尙今淸

姓名: 李相雨　本貫: 寧川
職位: 前儒道會長　郵便番號: 590－120
住所: 全北 南原市 王亭洞 비사벌(A) 102－309
電話: 063－632－0204 HP 011－9731－3204

충절을 찬양하세

유영배

왜놈들의 침략에 국가가 위태로와
대적하려니 서로가 협력하여 강한 힘을 만들고
민족이 서로 사랑하여 두려움을 없애고
안령을 펼쳐서 정성을 다하여 복되고 무궁함을 보이고
나라를 수호하니 좋은 일만 모여드네
3대 나라 지키는 일은 축복을 받을 일이요
추모하는 후생들은 분향이 계속되네
충절을 찬양함은 무신의 공이 영원함이니라

驅倭侵略國威風
對敵協調强大同
民族愛心情不恐
安舒精懇祚無窮
我邦守護禎祥集
三代偉業福祿崇
追慕後生香火繼
顯揚節氣永武功

姓名: 兪永培　　雅號: 蒼薺
本貫: 紀溪　　郵便番號: 156－092
住所: 서울 銅雀區 舍堂二洞 143－4 4층
電話: 02－593－0159 017－364－3400

구국3현(救國三賢)

배재관

일본제국주의 만행에 독립을 위해 투쟁하고
한일합방 늑약체결에 의병을 창의하여
유생의 민군이 항거함은 천추에 빛이 나고
왜적을 격추함은 만고에 이름나네
위대한 업적의 당당함은 개선한 일이요
수훈의 혁혁함은 그 정 어찌 잊으랴
보국 충성한 석정 장군은 청사를 밝게 하고
구국을 위해 3대3현이 순국함은 백세가 맑도다

日帝蠻行獨立爭
合邦勒約義兵成
民軍抗拒千秋色
倭賊擊追萬古聲
偉業堂堂凱旋事
樹勳赫赫豈忘情
丹忠石井昭青史
救國三賢百世淸

姓名: 裵在寬　本貫: 星山
職位: 儒林　郵便番號: 719－861
住所: 慶北 星州郡 大家面 道南里 701番地
電話: 054－932－4669 HP 019－504－7315

무덤 앞에 비석 세우니

권량식

金東植 將軍께서 倡義하신 지 百年이 지나니
政界에서도 前勳을 이제부터 알아주시네
智異山 골짜기 전술은 왜놈들을 멸망하고
깊은 산의 神妙한 전술은 한이 없구나
바위를 치니 땅도 놀라서 무궁화 꽃도 다 떨어지고
무덤 앞에 비석을 세우니 하늘도 놀라 將軍님의 名聲만 남네
三代가 나라 위해 목숨을 바치니
萬民이 흠모하는 큰 공을 세우셨네

將軍倡義百年風
政界前勳此自同
幽谷術知倭有廢
深山神妙戰無窮
岩抬地動花奴落
碣立天驚石井崇
三代國殤忠節魄
萬民欽仰大成功

姓名. 權良植 本貫: 安東
職位: 自由業 郵便番號: 137－753
住所: 서울 瑞草區 方背洞 우성Ⓐ 104－1005号
電話: 011－477－2465

영웅의 위대한 공적

정현배

장군을 추모하는 세상풍속에
나라를 구하는 병법은 귀신과 같도다
세상을 경륜함에 온 몸을 다 바치고
사람을 초월하는 지량은 무궁하도다
일생 동안 용맹은 천추에 장엄하고
삼대 충정은 만고에 숭배할 것이니
창의 백 주년을 기념하여
영웅의 위대한 공적을 밝게 비추리

將軍追慕讚揚風
救國神兵出沒同
濟世經綸身已盡
超人智略意無窮
一生勇猛千秋壯
三代忠貞萬古崇
倡義百週年記念
英雄懿績照明功

姓名: 鄭鉉培 雅號: 牛耕
郵便番號: 151－771
住所: 서울 九老區 新道林 290 美星A 5－901
電話: 02－2672－8854 010－4764－7696

경향의 유림이 영원히 사모하리

이윤균

장군의 큰 공적은 우리나라에 길이 빛났고,
창의와 정충은 누구와 더불어 같이 할쏘냐.
극력으로 왜적의 항쟁에 많은 업적을 이루었고,
몸을 아끼지 않고 순국함에 홍공을 세우셨고,
백성을 지키고 장한 절개는 천추에 빛날 것이고,
사직을 보전하는 일편단심은 만고에 영웅다웠도다.
삼대가 항일한 독특한 공훈 역사에 기록되어야 하고,
이러함으로 경향 각지의 많은 사림은 무궁토록 사모하는도다.

將軍偉績燦吾東
倡義精忠孰與同
極力抗倭成大業
獻身殉國樹鴻功
拯民壯節千秋赫
保社丹心萬古雄
三代殊勳靑史記
京鄕多士慕無窮

姓名: 李潤均　本貫: 眞城
職位: 儒林　郵便番號: 411－703
住所: 경기도 고양시 일산서구 대화동 성저마을 2212 동익 미라벨(A) 102－905号
電話: 010－7576－4377

국가에 신명을 바친 3대

유내준

금수강산에 암울한 바람이 불고,
장군의 충의와 용기는 악비와 같네.
나라를 위기에서 건지기 위해 앞장서서 의병을 일으킴에 두려움이 없고,
백성의 편안함을 꾀함에 있어 뜻을 추구하고 있네.
순국의 일생은 굳세고 용맹스런 힘을 펼치고,
국가에 신명을 바쳐 진력한 3대를 경건하게 숭배하네.
유림들이 앙모하여 분향하는 가운데,
아름다운 자취를 널리 세상에 드날림은 영원한 명예가 될 것이네.

錦繡江山黯鬱風
將軍忠勇岳飛同
倡義救國心無恐
謀計安民意有窮
殉難一生威武暢
獻身三代敬虔崇
儒林仰慕焚香裡
懿蹟宣揚萬葉功

姓名: 兪內濬　雅號: 松岩　本貫: 杞溪
郵便番號: 151－876　住所: 서울시 관악구 신림8동 546－7 윤정Ⓐ 308호
電話: (02)863－2150 (02)888－6989 (HP)017－318－6989

왜군토벌의 선봉장

김승선

영현을 하늘이 우리나라 경기도에 내시니
문무를 겸전한 가문 안성에서 삼대가 함께했네
아들과 손자도 열사로서 마쳤고
호남과 지리산에서 큰 공을 세웠다
왜군토벌에 선봉에 선 장군이었고
나라를 근심하는 전쟁에서 고결한 영웅이었다
창의정신 추모하고 기념해서
대한민국이 통일하고 무궁하게 발전하기 바란다

英賢天出海畿東
文武安城三代同
家子嫡孫終烈士
湖南智異盡勳功
倭軍討伐先鋒將
憂國戰爭高傑雄
倡義精神追慕紀
大韓統一願無窮

姓名: 金承善 雅號: 勤齊
郵便番號: 153－860 職位: 서울동양문화연구소상
住所: 서울 금천구 시흥5동 1014번지 금광포란재A 101동 903호
電話: 010－6788－6774

석정 장군의 정신을 빛내세

이정식

삼대가 순국하심은 세계에서 드문 일
고금 뉘 집안에서 이같이 하겠는가
유례없는 기모는 이로움 얼마나 거뒀나
출중한 영술은 많은 전공 세웠네
태양은 사해에 날쌘 장군임을 밝히고
달은 천강에 용맹한 영웅임을 각인하네
석정 장군의 정신을 반포함을 극진히 해
유덕의 빛남을 무궁토록 비추세

殉難三代罕西東
今古誰門可與同
希世奇謀收幾利
絶倫靈術樹多功
金烏四海明驍將
玉兎千江印虎雄
石井精神頒布盡
以光遺德照無窮

姓名: 李正植　　本貫: 眞城
雅號: 頤山　　郵便番號: 139-740
住所: 서울 노원구 공릉동 738　　電話: 02-975-6835

영명불멸(英名不滅)

김금순

장군의 높은 절개 우리나라에 빛나니
팔역의 유림들 앙모를 함께하네
여민을 널리 구하는 대의가 드러나고
사직을 보존하기 위해 수훈 세웠네
왜구를 물리친 용감한 뜻 천추에 모범이요
보국한 곧은 충성 일대에 영웅이네
어지럽고 위태로움을 보고 마땅히 목숨을 바치고
빼어난 이름은 멸하지 않고 역사에 무궁하리다

將軍高節燦吾東
八域儒林仰慕同
匡濟黎民彰大義
保存社稷振殊功
抗倭勇志千秋範
報國貞忠一代雄
臨亂見危當授命
英名不滅史無窮

姓名: 金金順　　本貫: 光山　　雅號: 楷庭
郵便番號: 422－754
住所: 경기 부천 범박동 현대홈타운 411동 802호
電話: 016－6910－3272

3남에서 열렬하게 싸우셨네

윤창수

장군은 국난에 의병을 일으키니 우리나라에 우뚝하고
큰 덕은 높고 높아 크고 큰 산과 같다
팔 역에 두루 돌며 정당한 도리를 의논하고
삼남의 열전에서 공을 세웠다
백성을 위한 씩씩한 기상과 정신은 먼 장래의 절개이고
나라를 사랑하는 정신은 백대에 번창한다
위대한 공적은 널리 떨쳐 시와 글씨로 축하하고
유림이 사모함은 무궁하리라

將軍倡義卓吾東
大德巍巍巨岳同
八域周廻論正道
三南熱戰樹勳功
爲民氣魄千秋節
愛國精神百代雄
偉績宣揚詩格祝
儒林追慕感無窮

姓名: 尹唱銖　　雅號: 曉泉
郵便番號: 422－806
住所: 富川市 素砂區 素砂本二洞 54－12 原進Ⓐ 301号
電話: 016－325－1127

목숨 바쳐 싸웠네

박종현

조권이 찬탈당하니 나라가 한스러워하고
분연히 항일하니 만민이 함께로다
지사들이 구난한 건 어찌 부를 구함이며
유생들이 창의함이 어찌 공을 원함일까
임전함에 맹위로우니 무리들의 수장이요
용병은 예민하여 중인들의 영웅일세
목숨 바쳐 충성 다하길 삼대에 걸쳐 보여주니
덕업의 영성은 마땅히 다하지 않으리라

簒奪朝權恨海東
奮然抗日萬民同
救難志士何求富
倡義儒生豈願功
臨戰猛威群黨首
用兵銳敏衆人雄
竭忠致命觀三代
德業令聲當不窮

姓名: 朴鍾賢　本貫: 密陽　雅號: 是雨
郵便: 480－844　住所: 議政府市 議政府洞 228－7
電話: 011－846－1656

높은 이름 훌륭한 교훈

김귀남

石井翁께서 어려운 때에 이 나라 구하셨으며
文武를 온전히 겸하셨으니 누가 감히 같다 하리
왜를 물리쳐 盡忠의 거룩한 자취 남기셨으며
樂土에 편히 살 수 있도록 큰 공을 세우셨으니
몸을 던지신 장엄함 천추에 빛나고
순절한 충성스런 넋은 일대의 영웅이시라
원근의 문사들 장군을 그리는 속에
높은 이름 훌륭한 교훈 영원토록 무궁하리라

石翁臨亂救吾東
文武兼全孰敢同
報國攘倭遺偉積
安民樂土樹鴻功
投身壯志千秋燦
殉節忠魂一代雄
遠近儒林追慕裏
高名懿訓永無窮

姓名: 金貴男　本貫: 光山　雅號: 徐園
郵便: 130－840
住所: 서울 동대문구 장안 2동 330－5호
電話: 011－242－9343

산림학파의 충효

박광진

석정선생이 해동에서 태어나시어
산림에서 공부에 힘씀에 효와 충이 같네.
정의를 지키고 사악을 배척함이 천추에 빛났고,
의를 주창하며 의병을 일으키니 만세의 공이로다.
나라를 위해 은혜를 갚는 깊은 정성 천지에 울리고,
백성을 구하려는 해박한 전략 삼남의 영웅이네.
찬란한 업적 청사에 두리우니
유훈을 훌륭히 이어받아 끝없이 보전하리.

石井先生誕海東
山林學派孝忠同
斥邪衛正千秋赫
倡義起兵萬世功
報國深誠天地動
救民博略三南雄
煌煌偉績垂青史
遺訓丕承保不窮

姓名: 朴光珍
雅號: 逍山
郵便番號: 142－876
住所: 서울 강북구 수유 3동 172 157
電話: 017－263－6914

한 많은 피가 도도히 흐르니

이응삼

경주 김 장수가 우리나라 빛내셨네
영호남 주민들과 함께 의병으로 봉기하여
을사늑약에 항거하여 장엄하게 힘을 뭉쳤고
왜병을 습격하여 큰 공을 이루셨도다
조용히 죽은 뒤에 고이 잠드시나
평생을 나라 위해 목숨 바치신 영웅이로세
석천에서 발원한 한 많은 피가
큰 강을 이루어 도도히 흘러서 무궁화를 기르시니
영원히 이어 피리라

慶金將帥振吾東
湖嶺黎民倡義同
勒約抗爭應結力
倭兵襲擊大成功
忘機死後安眠魄
盡命生前護國雄
石井發源多恨血
滔滔培槿綻無窮

姓名: 李應三　　　本貫: 全州　　　　雅號: 德菴
郵便番號: 443－768
住所: 수원시 영통구 망포동691 쌍용A 106동 901호
電話: 011－9733－2656

선비의 의협심

서명택

가혹히 사나운 오랑캐가 우리나라를 침범하니
석옹의 의협심은 사람들과 같지 않네
기이한 꾀 세상을 덮으니 백성의 한 살아지고
지략이 충천하여 국가의 공을 세웠네
능히 병졸을 거느리니 덕장이라 칭송하고
응당 사직을 전했으니 가히 영웅이라
몸 바친 업적을 지금 추앙하니
책 속에 새긴 명성 영원히 다함이 없으리

苛暴倭夷犯海東
石翁義俠厭人同
奇謀蓋世消民恨
智略冲天樹國功
能率軍兵稱德將
應傳社稷可英雄
投身懿績今追仰
竹帛芳名永不窮

姓名: 徐明澤 本貫: 利川
住所: 京畿道 議政府市 佳陵一洞 647－2
電話: 臥石書藝學院 031－872－9060 016－345－9060

청사에 길이 전하리

김인도

석정 장군께서는 우리나라에 으뜸이오
위대한 공적은 태산같이 가득하시네
눈서리 추워도 거듭 의병을 일으켜
비바람 퍼부어도 큰 공을 세우셨으며
순국가문의 삼대는 귀감이 되었고
왜놈 섬멸한 기백은 한 시대의 영웅일세
유림들 엄숙 신중한 경장으로 칭송하니
역사에 오래도록 전하길 바라노라

石井將軍元海東
充盈偉績泰山同
雪霜凜凜緟倡義
風雨漂漂樹大功
殉國家門三代鑑
殲倭氣魄一時雄
儒林濟濟瓊章頌
青史長傳願不窮

姓名: 金仁燾　　本貫: 義城　　雅號: 雨仟
郵便: 480－826
住所: 京畿道 議政府市 綠楊洞 一四六番地 영무예다음 아파트 一百一洞 二百八號
電話: 031－876－7308 011－9718－4422

민족정기가 저절로 무궁하리라

오한구

유림학자가 연민의 정으로 우리나라를 생각하고
폭정 아래 슬프게 신음하는 감개가 똑같았도다
일본이 침략함에는 극도로 원망이 깊어서
민군이 대적함에는 높은 공에 이르렀네
천추에 찬송하여 명장으로 일컬으고
만고에 이야기하여 성웅으로 전하리
충효정신은 응당 하느님이 보우하시나니
정기를 선양함이 저절로 무궁하리라

儒林憐憫思吾東
暴政哀吟感慨同
倭國侵攻深極怨
民軍對敵至高功
千秋讚頌稱名將
萬古聲聞傳聖雄
忠孝精神應帝祐
宣揚正氣自無窮

姓名: 吳漢九 本貫: 海州
住所: 서울 강동구 고덕1동 대우A 1－503
電話: 010－3151－4078

천추에 향사(享祀) 지내세

정동휘

장군이 창의한 것이 어느 시기에 즈음하는고?
국운이 기울어 위험한 장사들의 비참한 시기라네
적을 섬멸한 충정은 부자가 함께했고
왜적을 무찌른 정기는 국민 군사를 거느렸다네
기모를 낸 깊은 지혜는 무인의 영웅 같은 재기요
목숨을 버린 일편단심은 송백의 자태라네
운수 비색하여 하늘에게 조상 받지 못하고 몸도 또한 순국하니
천추토록 향사지내는 것이 이에 길이 추모된다네

將軍倡義際何時
國步傾危壯士悲
殲敵忠貞俱父子
屠倭正氣率民師
出謀玄智武雄器
捐命丹心松柏姿
不吊昊天身且殉
千秋享祀乃長思

姓名: 鄭東徽 本貫: 迎日
職位: 興海鄕校前典校 現訓導 郵便: 791－947
住所: 浦項市 北區 흥해읍 옥성리 132번지
電話: (054) 261－3268

토왜창의(討倭倡義)

육근학

항일정신은 나라를 구하는 전쟁이요
토왜한 창의는 큰 공을 이루었도다
진두전선에서 깃발을 날리었고
무술로 휘군하니 고각의 소리로다
나라를 위하여 순직한 영혼은 의적을 남기었고
투신한 장지는 충정을 다했도다
백 주년을 기념하니 뉘라서 우러러하지 않으랴
대절의 방명은 영세토록 맑으리라

抗日精神救國爭
討倭倡義大功成
陣頭戰線旋旗影
武術揮軍鼓角聲
殉職靈魂餘懿蹟
投身壯志盡忠情
白周紀念誰無仰
大節芳名永世淸

姓名: 陸根學 雅號: 冠巖
本貫: 沃川 郵便: 300-030
住所: 大田廣域市 東區 孝洞 247-1
電話: 042-283-8311 010-5507-8317

묘비에 서기(瑞氣)가 맑더라

김영근

일편단심으로 전쟁에 싸우었고,
석정 장군 기념이 백 주년 이루셨네,
장군의 업적이 천추토록 빛나서,
순국에 공훈은 만세토록 소리 나네,
남북에 현량한 많은 객 이어와서,
동서에 송덕은 많은 사람 뜻이었네,
몸 버려 목숨 다하니 역사책에 남아 있고,
좋은 곳에 새긴 비에 서기가 맑더라.

一片丹心進戰爭
石井紀念百周成
將軍業績千秋赫
殉國功勳萬世聲
南北賢良多客繼
東西頌德衆人情
投身盡命遺青史
勝地碑銘瑞氣淸

姓名: 김영근 本貫: 수원 所屬: 연일향교
職位: 總務掌議 郵便: 790－863
住所: 포항시 남구 해도 2동 209－19번지 세원빌라 B동 303호
電話: 054－284－0788, 018－323－0788

충혼은 교훈으로 전해지고

박순대

항일 정신으로 혈전에 싸우시고
장군이 진명하여 무공을 이루셨네
투신의 이적은 천추에 거울이요
구국의 방명은 만세에 소리이네
혁혁한 충혼은 교훈으로 전해지고
당당한 의기는 진정 우러러보네
석정장군 송덕이 추모로 이어지니
청사에 향훈은 영세로 맑으리라

抗日精神血戰爭
將軍盡命武功成
投身懿跡千秋鑑
救國芳名萬世聲
赫赫忠魂傳教訓
堂堂義氣仰眞情
石井頌德連追慕
青史香薰永世淸

姓名: 朴順大　　本貫: 密城
職位: 朴氏宗親會長　　郵便: 791－806
住所: 浦項市 北區 得良洞 292－1
電話: 054－283－8862 011－509－3228

이 강토를 길이 보전하세

민두식

왜구의 음흉한 침탈로 국운은 기울고 강산은 초토화되어
궐기하니 동방예의 선량한 민족 혈전을 재촉하도다
정의심에 북받친 웅장한 뜻은 대의분기 당연했네
슬프고 불쌍한 백성들의 바램은 원상회복이라
엄동설한 의병 격려코저 머리 밀어 스스로 죽음을 택하시니
찬서리 눈발치고 지리산봉 초목마저 쇠잔하였네
조선독립 공훈의 명성은 천추에 혁혁히 빛나고
후세 만인에 이 강토 길이길이 보전케 하여 태평세상 이루게 하셨도다

凶侵倭寇國運頽
蹶起良民血戰催
慷慨雄心當義奮
悽憐百姓所望廻
嚴寒激勵頭抽死
雪霜山峯草木衰
獨立功聲千載赫
後人永保太平來

姓名: 閔斗植　　本貫: 驪興
郵便: 139－203
住所: 서울시 노원구 상계 3동 172 대림A. 106－902
電話: 02－939－9456

충혼이 지리산 상봉에 오르내리도다

김룡환

석정 장군이 크게 항쟁을 하는 것은
을사년의 늑약으로 분원이 일움이라
민병들은 봉기하여 싸운 것으로 힘을 쓰고
국권을 회복키로 분전하는 소리이며
지사들은 나라를 근심하여 모책을 운동하고
세상 사람들은 겁이 나게 놀래어서 조심하는 정이로다
충혼이 지리산 상봉에 올랐다 내렸다 하는 데에
금년이 백 주년으로 돌아오는 일기가 청명하도다

石井將軍大抗爭
乙年勒約忿怨成
民兵蜂起傾戈力
國權回生奮戰聲
志士憂邦謀策動
世人驚怯操心情
忠魂陟降智山上
今載百週還日淸

姓名: 金龍煥
本貫: 慶州
郵便: 546－821
電話: 061－852－4076
雅號: 西江
職位: 停退
住所: 全南 寶城郡 彌力面 德林里 323－2

장군의 절의

이상수

당시의 모질고 사나운 험악한 바람을 분통한 생각 잊지 못하니
백 주년을 당하여 경모의 마음은 옷깃 여미기를 함께하네.
당당한 민족정기는 끝까지 변함이 없으니
혁혁한 수훈 어찌 다함이 있으랴.
섬나라 불한당 흉모를 마땅히 분쇄하고
장군의 절의는 겨레 모두로 하여금 존숭케 함이로다.
늑약으로 강탈 점령한 조국을 상심케 하였으니
궐기하여 싸움에 나간 民軍들 큰 공을 세웠도다.

憤憶當時悍惡風
百周敬慕欽襟同
堂堂正氣終無變
赫赫殊勳豈有窮
島寇凶謀宜粉碎
將軍節義使尊崇
追思勒約傷心苦
蹶起民軍樹大功

姓名: 李祥洙 雅號: 甘泉
本貫: 古阜 郵便: 142－073
住所: 서울시 강북구 수유 1동 480－29호 3층
電話: 02－980－2808

원한은 전 국민의 뼛속에

문승무

을사년의 늑약으로 피 흘려 전쟁하니
원한이 전 국민에 뼛속 깊이 이루었고
무궁화 땅 우리나라 찬바람을 누가 나서 막을 건가
서울과 시골의 열사들이 항의하는 소리이며
충심으로 격투하는 의병의 뜻이옵고
국가에 보답을 성행하는 민족의 정이로다
세상을 구제하는 장군의 추모일이
금년이 백 년이 돌아옴에 해가 새롭게 청명하도다

乙年勒約血流爭
寃恨全人刻骨成
槿域寒風誰爲防
京鄕烈士抗言聲
忠心激鬪義兵志
報國誠行民族情
濟世將軍追慕日
今還百載歲新淸

姓名: 文承武
雅號: 厚江
本貫: 南平
職位: 前鄕校事務局長
郵便: 546-800
住所: 全南寶城郡 寶城邑 信興洞 896-4
電話: 061-853-3035

백 주년기념으로 빛나네

이현환

호국정신으로 목숨 바쳐 싸우셨고
석정장군 의지가 무공을 이루었네
장군에 의덕이 천추에 빛나고
민족 충혼은 만세에 소리 나네
항일하여 왜놈들을 창과 검으로 무찌르고
몸 버림은 초개같이 장부의 뜻이었네
백주기념이 추모로 빛나고
좋은 곳 비문은 영원히 맑으리라

護國精神盡命爭
石井意志武功成
將軍懿德千秋赫
民族忠魂萬歲聲
抗日倭夷槍劍退
投身草芥丈夫情
百周紀念煌追慕
勝地碑文永遠淸

姓名: 李鉉煥　本貫: 眞城
職位: 韓國易理學會浦項市支部長　郵便: 790－862
住所: 浦項市 南區 海島二洞六六～二九番地
電話: 054－272－3012 018－523－3012

지리산 총본영이여

김재경

장군이 항일에 과격히 전쟁하는데
지리산에 군영하여 총본부를 이루었고
강토의 삼천리를 망실하는 뜻이오며
국민의 만 백 인이 분심하는 소리도다
의병이 크게 전국에서 봉기하여
파적을 감행하니 승리하는 정이로다
천리가 순환하여 광복이 돌아오니
충심의 단충은 역사에 영원히 실려서 청명하도다

將軍抗日激戈爭
智異山營總本成
疆土三千忘失意
國民萬百憤心聲
義兵蜂起大全域
破敵敢行乘勝情
天理循環光復返
丹衷永載史書淸

姓名: 金在京
本貫: 慶州
郵便: 546-863
電話: 061-852-4605
雅號: 牛溪
職位: 儒道會長
住所: 全南 寶城郡 兼白面 平湖里 775

대대적인 항일전쟁

김정순

늑약을 당한 해에 영웅들이 대대적인 항일전쟁을 하였으니
누가 능히 왜적을 청소하여 구제하는 공을 이루리까
반만년의 역사서를 불살은 뜻이옵고
삼천리의 강토를 잃어버린 소리로다
무궁화 땅 우리나라에 한풍으로 암기가 머물고
예의지국 우리나라가 광조의 몰락으로 광명을 기대하는 정이로다
장군이 의병을 통솔하여 과감히 전투를 하였는데
금년이 백 주년이 돌아와서 해와 일기가 청명하도다

勒約當年大抗爭
誰能淨掃救功成
史書半萬燒燃意
疆土三千遺失聲
槿域寒風留暗氣
禮邦落照待明情
將軍兵率激戈戰
今到百週年日淸

姓名: 金晶淳
本貫: 慶州
郵便: 546－800
電話: 061－853－2001
雅號: 靑巖
職位: 停退
住所: 全南 寶城郡 寶城邑 寶城里 836－1

숭고한 뜻을 계승하세

한중섭

오직 조선을 위해서 한결같이 투쟁하니
장군의 위대한 업적은 독립의 정신을 이루었다
백성을 구원한 열사로 순국하니 단충의 기색이요
왜군을 몰아내고 나라를 보전함은 창의의 소릴세라
광복된 人家에는 희색이 충만하고
자유로운 골목길에는 기쁜 정이 넘쳐난다
후손들은 이 숭고한 뜻을 계승하여
덕을 쌓고 몸을 닦아 맑아지기를 원하노라

惟爲朝鮮一鬪爭
將軍偉績立神成
救民殉烈丹忠氣
保國驅倭倡義聲
光復人家充喜色
自由巷里濫欣情
後孫繼承崇高意
積德修身願化淸

姓名: 韓重燮　本貫: 淸州
職位: 靑年儒道會 醴泉支部會長　郵便: 757－844
住所: 慶北 醴泉郡 龍門面 上金谷里 358
電話: 054－655－9216 HP 010－2640－9216

명당의 묘비에 서광이 맑구나

장인현

몸 바쳐 호국에 의병 일으켜 싸우셨고
항일 정신은 남달리 뛰어났네
아름다운 충혼은 의지를 품으셨고
빛난 자취는 명성을 떨치었네
장군 절조는 천년의 거울이요
민족 향훈은 만세의 뜻이었네
경축에 좋은 글 추모로 모여오고
명당의 비석에는 서광이 맑더라

投身護國義兵爭
抗日精神出衆成
燦燦忠魂懷意志
煌煌懿蹟振名聲
將軍節操千年鑑
民族香薰萬歲情
慶祝瓊章追慕集
明堂碑石瑞光清

姓名: 張仁鉉 本貫: 蔚珍
職位: 鄕校掌議 郵便: 767－813
住所: 慶北 蔚珍郡 竹邊面 後亭二里 電話: 054－782－8046

인간에 누가 이런 공적이 있는가

이증렬

島夷가 미처 뛰어 침입할 때
장부의 丹志 어찌 슬픔을 머금겠는가
효행은 일찍 천년의 사기에 나타나고
충열은 가히 만세의 스승을 이루었다
군사를 연마하여 왜적을 치니 대의를 따름이요
머리를 처서 순국을 하니 존자가 되었구려
인간에 누가 이러한 공적이 있는가
반드시 후생은 길이 사모하고 본받을 지어다

猖獗島夷侵入時
丈夫丹志豈含悲
孝行曾表千年史
忠烈可成萬歲師
練士討倭從大義
叩頭殉國爲尊姿
人間誰有如斯績
必是後生永慕思

姓名: 李增烈 本貫: 全州
職位: 農業 郵便: 580 881
住所: 全北 井邑市 笠岩面 鳳陽里 417 電話: 534－5649

꽃다운 이름 영원히 썩지 않으리

장영배

구국에 몸 바쳐 전쟁에 싸우셨고
의병 기념이 백 주년 이루었네.
장군의 송덕은 천추에 귀감되고
항일 정신은 만세에 소리나네.
청사에 공훈은 교훈으로 전해지고
단심의지는 진정으로 본받으리라.
방명은 불후하여 추모가 이어저서
열사의 충혼은 영세토록 맑으리라.

救國投身出戰爭
義兵紀念百周成
將軍頌德千秋鑑
抗日精神萬世聲
青史勳功傳教訓
丹心意志效眞情
芳名不朽連追慕
烈士忠魂永歲淸

姓名: 張永培 本貫: 蔚珍
職位: 전 삼척時調회 사무국장 郵便: 245－946
住所: 강원도 삼척시 봉황로 452(정상동 432－26)
電話: 033－574－0251 H.P 011－395－0251

민족사랑 꽃다운 이름

성두식

상군이 의병을 일으켜 일제와 싸운 지
어느덧 일백 년이 되었도다
목숨 바쳐 지킨 충절 제가의 근본이요
열사의 영혼이 호국의 외침이라
항일의 정신은 千歲를 우러렀고
제민에 노력함은 萬年에 정분이라
산 중에서 자결하니 靑史에 길이 남아
민족사랑 꽃다운 이름 永世토록 맑았도다

倡義倭侵出戰爭
將軍紀念百周成
投身節操齊家本
烈士靈魂護國聲
抗日精神千歲仰
濟民努力萬年情
山中自決遺靑史
愛族芳名永世淸

姓名: 成斗植　　本貫: 昌寧
職位: 長鬐鄕校 儒道會 會員
住所: 慶北 浦項市 南區 長鬐面 今谷里 587
電話: 054－276－1493

장군의 업적은 묘비명에 빛나고

강성모

의병에 투신하여 전쟁에 나아가니
충성 절조가 무공을 이루었네
장군의 업적은 묘비명에 빛나고
구국의 방명은 무사의 소리이네
애족함은 천추토록 교훈으로 전해지고
백성들은 만세토록 진정 본받을 것이라
유림에 송덕이 추모로 이어저서
청사에 빛나고 빛남이 영원히 맑으리라

倡義投身進戰爭
忠誠節操武功成
將軍業績碑銘赫
救國芳名士氣聲
愛族千秋傳教訓
住民萬世效眞情
儒林頌德連追慕
青史煌煌永遠淸

姓名: 姜聖模 本貫: 晉州
職位: 晉州 姜氏 慶北道宗會 會長 郵便: 790－861
住所: 浦項市 南區 海島 2洞 94－21番地 14/1반
電話: 054－272－0566 (휴대폰)019－511－0566

3대의 영령은 지금 어디에 계실고

김장환

분연 石井 將軍 擧兵時
온 나라가 南蠻이 侵入하여 草木도 슬퍼하네
니리 위하여 몸을 바치는 義氣 千古의 節介요
왜놈에 對抗하여 힘 다하였으니 萬代의 모범된 스승일세
나라에 對한 열렬한 忠誠 沖天의 義氣요
大義가 당당하니 땅도 움직일 자세일세
三代(石井, 子, 孫)英靈 지금 어디 계실고
끼친 공적 다 찾아내어 길이 추모하세

奮然石井擧兵時
槿域蠻侵草木悲
護國捐身千古節
抗倭盡力萬年師
貞忠烈烈冲天氣
大義堂堂動地姿
三代英靈何處在
遺勳發顯永追思

姓名: 金長煥 本貫: 慶州
職位: 慶州金氏聞慶市宗親會長 郵便: 715－881
住所: 慶北 聞慶市 茅田洞 63－27
電話: 054－555－4449, 010－3072－4449

천세의 선비요 만년의 스승일세

김진선

왜적에 대항하여 창의하신 지 100주년이 되는 이 때
전 국민이 슬픔을 견디지 못하네
세상을 덮을 만한 충정은 천세의 선비요
충천하는 절개는 만년의 스승일세
일군을 토벌하는 데는 용이나 사자와 같이 용맹스럽고
나라를 위해 몸 바침은 죽백과 같은 자세일세
삼대가 단심으로 나라를 위해 몸 바쳤으니
유림 추모 영원히 길이 사모하리라

抗倭倡義百周時
八域烝民不耐悲
蓋世忠貞千世士
衝天節概萬年師
日軍討伐龍獅勇
護國捐身竹栢姿
三代丹心終殉國
儒林追慕永長思

姓名: 金鎭善 本貫: 金海
職位: 儒林 郵便: 745－890
住所: 慶北 聞慶市 興德洞 200－1
電話: 054－552－2233 HP 011－533－6032

가장 높은 절개

이영재

을사, 정미 늑약에 단장의 슬픔에 석정 장군 충성된 마음은
이 억울한 한탄의 슬픔이 되었네
석정의 순국 정신은 신하의 참뜻의 강인함이고
왜적을 물리치려는 굳센 의지는 임금님의 마음의 모범이며
생명을 바쳐 민족을 구출함은 가장 높은 절개이고
자손을 버려가며 백성을 생존케 함은 제일의 아름다운 자세이네
바르고 힘찬 정기를 선양함은 밝고 옳은 역사가 될 거고
석정 장군의 창의에 감동하며 추모함을 잊어서는 아니 될 것이다

二回勒約斷腸時
石井忠魂恨歎悲
殉國精神臣意匠
斥倭鬪志王心師
殺身救族元高節
棄孫存民伯美姿
正氣宣揚明悉史
將軍倡義不忘思

姓名: 李英宰　本貫: 全州
郵便: 745－887　住所: 慶北 聞慶市 店村洞 91－1
電話: 010－6268－4342

명성은 3한의 기백을 떨치고

김벽환

삼세를 연하여 장군의 충열로 앞장서
구국제민에 목숨을 다하였네
유생들 창의에 선봉으로 일어나고
농자를 지휘함에 함께 호응하였네
성한 명성은 삼한을 떨치었고
위엄스런 역량은 왜구의 정서를 놀라게 했다
외신상담 천고의 한을 품고
지혜로움 베풀어 만추청을 수호하셨네

將軍三世烈連爭
救國濟民盡命成
倡義儒生蜂起跳
指揮農者互應聲
盛名已振三韓內
威力曾驚一寇情
嘗膽臥薪千古恨
智雄守護萬秋淸

姓名: 金壁煥
雅號: 應夏
本貫: 慶州
生: 戊辰
郵便: 760－901
住所: 慶北 安東市 龍上洞 1164－8
電話: 054－821－7940

100주년의 해가 청명하도다

최영운

장군이 분발하여 큰 공격으로 전쟁함은
늑약을 당한 우리나라가 격분을 일움이니
온 천히가 말이 없이 치욕을 당했고
군웅들이 원한으로 성토하는 소리이며
의병들이 봉기하여 전투에 치열하고
장사들은 상응하여 주책을 세운 정이로다
구국의 단충심에 결사적으로 행한 후에
백 주년인 금년에 이해가 청명하도다

將軍奮發大功爭
勒約吾邦格憤成
天地無言當恥辱
軍雄有恨討哀聲
義兵蜂起戰臨列
壯士相應籌策情
救國丹衷行決死
百週今載是年淸

姓名: 崔永云　雅號: 蘭播
本貫; 朗州　職位: 儒林
郵便: 546－924　住所: 全南 寶城郡 得粮面 禮堂里 387
電話: 061－853－8830 H.P 016－500－1455

죽음을 각오한 투쟁

손자룡

倡義한 將軍은 죽음을 각오한 투쟁
百周年을 맞는 抗倭 기념일로
三代가 꿈같은 노래를 믿어 알겠고
당시의 소리가 통곡하는 것 돌이켜 기억하도다
의적이 진실로 깊어 廣德을 베풀었으니
精忠은 아래가 없이 높은 뜻을 讚하는구나
무궁한 보국 정신이 면연한 속에
正氣宣揚 만세에 맑을 것이네

倡義金翁死鬪爭
抗倭紀念百周成
信知三代悲歌夢
回憶當時慟哭聲
懿蹟眞深施廣德
精忠不下讚高情
無窮報國綿連裡
正氣宣揚萬歲淸

姓名: 孫子龍　　本貫: 密陽
職位: 儒林　　郵便: 770－030
住所: 慶北 永川市 門外洞 117－6　　電話: 054－334－2035

능연화각에 길이 빛나리

박형재

풍운장지로 거병할 때에 하늘이 움직이고
산이 울고 물도 또한 부르짖네
세세웅도는 군사의 시소요
증민 위적은 장부의 사표라
초형을 불굴하니 송황의 절개요
부월을 감안하니 철석의 바탕이라
구국 충정을 뉘 감히 잊으리오
능연화각에 길이 빛나리라

風雲壯志擧兵時
天動山鳴水亦悲
濟世雄韜君子操
拯民偉蹟丈夫師
楚莿不屈松篁節
斧鉞堪安鐵石姿
救國忠情誰敢忘
凌烟畵閣永相思

姓名: 朴炯梓 本貫: 珍源
職位: 漢學者 成均館 典儀 郵便: 540－960
住所: 全南 順天市 長泉洞 22－42 10통 3반
電話: 061－744－8630 011－9614－8633

뼛속에 새겨 길이 생각하세

권오렬

왜구를 징벌코자 의병을 일으킬 때
삼대가 순국하니 천지도 슬퍼했네
석정 장군 지조는 마치 백옥 같아서
아무도 그 품성 넘을 수 없으니 만인의 스승이라
누가 능히 이 충절을 흉내 내리요
온 백성이 한마음으로 그 풍채를 흠모하네
선열의 희생으로 번영을 이루었으니
위대한 공훈을 뼈에 새겨 길이길이 생각하세

欲懲倭寇倡義時
三代殉難天地悲
石井志操如白玉
莫踰禀性萬人師
孰能摸擬斯忠節
黎首同心欽慕姿
先烈犧牲繁創制
偉勳刻骨永延思

姓名: 權五烈 本貫: 安東
職位: 驪州鄕校 掌議 郵便: 496－706
住所: 驪州郡 驪州邑 下里 現代아파트 101棟 1701号
電話: 031－882－4214 019－385－4214

묘비에 새긴 성지는 빛나네

이규목

창의는 왜침에 출전하여 싸웠음이
석정을 기념하는 백 주년에 이르렀다
몸을 던져 질조를 지킴은 천추에 귀감이고
열사의 충혼은 만세까지 빛나리라
호국정신을 추모함이 빛나고
백성의 탁월한 무공의 뜻이라
비에 새긴 성지는 빛남이 이어가고
불후의 아름다움은 영원하게 맑아라

倡義倭侵出戰爭
石井紀念百周成
投身節操千秋鑑
烈士忠魂萬歲聲
護國精神追慕赫
保民卓越武功情
碑銘勝地祥光繼
不朽芳名永世淸

姓名: 李圭牧　本貫: 慶州
職位: 前 校長 운진군 三樂會長　郵便: 767 801
住所: 慶北 蔚珍郡 蔚珍邑 邑內里 475－1
電話: 054－783－1512 010－9436－1512

유업을 선양하는 일은 우리의 할 일

이형남

혹 김 장군을 잊은 사람 있어도
지리산은 석정 향기 새겨 두었노라
을사 적신들은 사사로이 나라를 팔았어도
영·호남 충사들은 나라 위해 모두 몸 받쳤노라
나가면 굳세져 산천마다(곡성, 담양, 옥과) 연승을 이루고
들어선 훌륭히(거창, 안의, 운봉) 성을 지켰노라
"곤·복" 괘(卦) 설파 전하고 자결하셨으니
유업을 선양하는 일은 우리들이 할 일이로다

或人忘憶金將軍
智異刻銘石井薰
乙巳賊臣私賣國
嶺湖忠士衆身焚
出强連勝谷潭玉
入隱守城居義雲
坤復說傳頭破決
宣揚遺業後生分

姓名: 李炯南　本貫: 陜川
職位: 農業 (前校長)　郵便: 566－922
住所: 全北 任實郡 只沙面 寧川里 667
電話: 063－642－3927

묘비에 공적이 새겨졌네

김형호

석정 영웅 의병 일으켜
영호남 항전에 군민이 함께하고
삼천 번의 피 흘린 싸움 지방마다 이기고
백만 유림 곳곳에서 힘을 다하였네
임란의 칠 년 피폐한 생활
나라를 구하려 팔도에서 숭고히 일어섰다
선구자의 기치 아래 통일로 화합하고
나라사랑 묘비에 업적의 공 새겨졌네

石井英雄倡義風
嶺湖抗戰民軍同
三千血鬪坊坊勝
百萬儒生曲曲窮
壬亂七年疲弊活
救邦八道人興崇
先驅旗幟統和合
愛國墓碑銘業功

姓名: 金瀅鎬　　本貫: 光山
職位: 自營業　　郵便: 151 796
住所: 서울 관악구 신림12동 쌍용A 101－508호
電話: 872－3605 016－287－4473

한 집안이 순절하니 만민이 슬퍼하네

박종주

요무가 침점하여 변란의 때에
한집안이 순절하니 만민이 슬퍼하네
왜를 섬멸하는 전술은 풍운의 진이요
나라에 갚은 공훈은 일월같이 밝은 스승이네
소탕하고 응양함은 용과 범의 기세요
선구하고 훈화함은 봉과 난조의 자태로다
단충 삼세에 사람이 다 우러러보니
청사 천추에 길이 추모하고 생각하리라

妖霧侵占變亂時
一家殉節萬民悲
殲倭戰術風雲陣
報國功勳日月師
消蕩鷹揚龍虎勢
先驅薰化鳳鸞姿
丹忠三世人皆仰
青史千秋永慕思

姓名: 朴淙柱 本貫: 珍原
職位: 成均館典仁 郵便: 540－960
住所: 全南 順天市 長泉洞 70－4번지 電話: 061－744－2986

지리산에 만세소리 들리네

오재동

선생의 항일전쟁을 회고해 보니
섬 오랑캐 소탕하는 데 큰 공을 세웠네
호남에서는 보든 적을 섬멸하는 것이 은근히 보이고
지리산에서는 만세소리 희미하게 들린다
빛나는 위적은 죽백에 드리워지고
찬란한 방명은 누가 있겠는가
삼대가 헌충했으니 능연에 빛나고
호국 단심은 백세도록 맑으리

回顧先生抗日爭
島夷掃蕩大功成
湖南隱見千殲賊
智岫稀聞萬歲聲
偉蹟輝煌垂竹帛
芳名燦爛孰忘情
獻忠三代凌煙赫
護國丹心百世淸

姓名: 吳在東
郵便: 700－803
電話: 053－425－9700
本貫: 高敞
住所: 大邱市 中區 南山1洞 2105 9

백세에 맑은 단심 천양하고 싶네

장해익

선생의 항일전쟁을 면억해 보니
왜이를 소탕함에 큰 공을 이루었네
호남에선 언제나 군대가 승리한 것이 보이고
지리산에선 빈번히 만세소리 들린다
휘황한 위적을 무한히 느끼며
찬란히 방명을 잊을 수 없네
삼대가 헌충하니 누가 아니 앙모하리
백세에 맑은 단심 천양하고 싶네.

緬憶先生抗日爭
倭夷掃蕩大功成
湖南每見千軍勝
智峀頻聞萬歲聲
偉蹟輝煌無限感
芳名燦爛不忘情
獻忠三代誰毋仰
願闡丹心百世淸

姓名: 張海翼　　本貫: 仁同
郵便: 411－747
住所: 경기도 고양시 일산서구 주엽동 센허빌 문촌 5단지 506동 401호
電話: 031－913－3366

지리산과 섬진강은 변함없어라

김병옥

선생삼대 왜놈침략 때 순절하시니
누구인들 통한의 슬픔을 한하지 않으랴
뛰어난 전략은 추격하는 왜진 앞에 떨치고
웅도는 침략하는 군사를 섬멸하셨네
지리산 색은 예전처럼 변함이 없고
섬진강물 변함없이 옛날 모습인데
목숨 바친 충정 어느 누가 가히 잊으리오
시를 지어 추모하며 함께 사려하자

三公殉節外侵時
孰不歎傷痛恨悲
勇畧揮揚追擊陣
雄圖殲滅掠抄師
智山未變先天色
蟾水如前舊國姿
捨命衷情誰可忘
吟詩追慕共相思

姓名: 金柄玉 本貫: 光山
職位: 成均館典學 郵便: 540 802
住所: 全南 順天市 昇州邑 竹鶴里 202－1
電話: 754－6033 010－6688－6033

정기를 선양함에 누가 소홀하겠는가!

장태렬

선생의 항일전쟁을 회고해 보니
삼대가 헌신하니 세상의 모범이 되네
민병을 창의하여 의적을 남기시고
용장은 탄충하며 충성이 진동하오
죽백에는 우국지가 휘황히 빛나며
능연에는 애민정이 찬란하게 빛나네
정기를 선양함에 누가 소홀하겠는가!
만세에 맑은 단심을 천양하고 싶네.

回顧先生抗日爭
獻身三代世標成
民兵倡義遺義蹟
勇將殫忠振忠聲
竹帛輝煌憂國志
凌煙燦爛愛民情
宣揚正氣誰疏忽
欲闡丹心萬世淸

姓名: 張泰烈　　本貫: 仁同
郵便: 719－820
住所: 慶北 星州郡 碧珍面 凰溪三里 種谷
電話: 054－932－7086

어찌 잊으랴

박남진

항일의 선봉으로 전쟁을 선포하니
장군님의 재주와 도략은 큰 전공을 이루셨네
사민의 단심질개는 천추에 칭송이오
부자 삼대의 순국충혼은 만세에 전하도다
지리산은 높아 옛 전적이 머무르고
영혼의 강물은 맑아 새로운 정을 띠우는 듯
어찌 잊으랴 조국의 왜놈들 침노한 역사를
적개의 동쪽바다는 짐짓 맑지를 않네

抗日先鋒布戰爭
將才韜略大功成
士民一節千秋頌
父子三忠萬歲聲
智異山高留古蹟
嶺湖水淡帶新情
焉忘祖國倭侵史
敵愾東溟故不淸

姓名: 朴南鎭　本貫: 咸陽
職位: 抗日獨立運動家　郵便: 301－211
住所: 大田市 中區 山城洞 327－21　電話: 042－581－0133

합방을 저지하기 위해

이용옥

석정 장군의 가풍은 백세토록 맑도다
나라 위해 창의하여 큰 공을 이루었네
수많은 작전에서 선봉장이었고
삼대가 몸 바쳐 독립투쟁 하였구나
을사 늑약이 부당함을 선포하여 알리고
합방을 저지하기 위해 진군성을 울렸네
백 주년을 기념하는 오늘의 행사 통해
큰 업적(자취) 이어 받으려는 사모의 정 길구나

石井家風百世淸
國爲倡義大功成
數千作戰先鋒隊
三代投身獨立爭
勒約不當宣布告
合邦沮止進軍聲
百周紀念今行事
懿蹟追承永慕情

姓名: 李鏞玉　本貫: 驪州
職位: 전 대구시유도회본부 총무국장(현 운영위원) 전 대구향교 총무국장(현 장의)
郵便: 701－816　住所: 大邱市 東區 新岩4洞 284－52番地
電話: 053－954－0237 011－9920－0237

선생의 항일전쟁을 회고하니

장태일

선생의 항일전을 회고해 보니
창의한 민병군이 대승을 거두었네
지리산을 점거하여 위적을 전하여
호남을 해방하여 명성이 진동했소
능연에는 우민의 뜻 찬란하며
죽백에는 애국정이 휘황하네
삼대가 헌신하니 누가 앙모 안 하리
정기는 만년이나 맑게 선양하세

先生回顧抗倭爭
倡義民軍大捷成
智峀占居傳偉蹟
湖南解放振名聲
凌煙燦爛憂民志
竹帛輝煌愛國情
三代獻身誰不仰
宣揚正氣萬年淸

姓名: 張泰鎰　　本貫: 仁同
郵便: 700－803
住所: 大邱中區 南山洞 698－22 상가24
電話: 054－252－4067

대도(大道)를 몸소 실천했도다

박정희

선생이 항일전에서 목숨을 버리고
삼대가 헌신했으니 귀감을 이루었소
창의한 민병은 연이어 승전하고
충성 바친 장군은 위성이 진동했네
호남을 해방한 것은 왜적을 섬멸한 뜻이요
지리산에 기반을 둔 것은 국방의 마음일세
대도를 몸소 행했으니 누가 앙모 않으리
역사에 올린 방명은 만년에나 맑으리

先生抗日捨生爭
三代獻身龜鑑成
倡義民兵連勝戰
殫忠主將振威聲
湖南解放倭殲意
智峀基盤國防情
大道躬行誰不仰
芳名載史萬年淸

姓名: 朴正義　　本貫: 密城
郵便: 700－823
住所: 大邱市 中區 凰山洞 110 봉산뜨란채101동 1104호
電話: 424－1238

만백성이 숭배하네

유덕준

왜적을 물리치고자 궐기하니 위기가 래습하고
석정 장군의 용맹은 후대손도 한가지로 용맹하네
순직하고 산화하니 그 명예가 천하에 떨치고
삼대가 헌신하니 절의가 무궁무진하네
적군을 토벌하니 혼비백산 달아나고
나라를 구하는 데 몸 바치니 만백성이 숭배하네
전국의 유림들이 우러러 사모하며 제사 지내고
위대한 업적을 찬양하며 오래도록 공을 기리네

倭驅蹶起襲威風
石井勇猛後代同
殉職散華名譽振
獻身三代義無窮
敵軍討伐魂飛去
救國英靈萬百崇
景仰儒林香火裡
讚揚偉蹟億年功

姓名: 兪德濬 郵便: 157－925
住所: 서울 江西區 禾谷七洞 1075－37 덕원빌딩 5층
電話: 2602－2165 016－787－2165

동서의 유림이 경축하네

남성복

호국단심으로 혈전에 싸우시고
석정 장군 의기가 무공을 이루셨네
투신 절조는 추모로 이어지고
관일 충성은 덕성을 떨치었네
만세 방명은 교육으로 모범되고
천추사적은 진정으로 우러러보네
유림경축이 동서에서 자리하니
일마다 번창하여 영원히 맑으리라

護國丹心血戰爭
石井義氣武功成
投身節操連追慕
貫日忠誠振德聲
萬歲芳名模教育
千秋史跡仰眞情
儒林慶祝東西席
事事繁昌永遠淸

姓名: 南星福　本貫: 英陽
職位: 蔚珍郡 縣監公派花樹會 副會長　郵便: 767－812
住所: 蔚珍郡 竹邊面 市場內 1里 5반 34－1번지
電話: 054－782－3280 011－882－7147

유림이 우러러 사모하네

이덕락

투신해 의병 일으켜 전장에서 싸우셨고
왜적을 토벌하는 단심은 큰 공훈 이루셨네
영세안민의 의적은 남아 있고
충성을 다하여 보국하니 명성을 떨치었네
영혼은 영원히 천추에 한이 되고
송덕은 무궁히 만세도록 뜻이더라
불후의 꽃다운 향기 나날이 더해지고
유림이 앙모하니 서광이 밝아지네

投身倡義戰場爭
倭敵丹心偉烈成
永世安民遺懿跡
盡忠報國振名聲
靈魂永遠千秋恨
頌德無窮萬歲情
不朽芳香承日益
儒林仰慕瑞光淸

姓名: 李悳洛　　本貫: 眞城
職位: 專務理事
住所: 경북 포항시 연일읍 유강리 대림한숲타운 302－1001
電話: 054－274－1119 011－813－9741

선사(先師)의 순절을 그 누가 알리

김종민

왜구가 침공해 오니 누가 방관만 하리요
장군께서 창의하시어 충성을 다했도다
백성을 위한 열의는 천추에 거울이 되고
나라를 지키는 붉은 마음은 영세의 소리로다
누차 승전에 사기는 충만했으나
장도는 끝내 못 이루니 하늘의 뜻을 한할 뿐이로다
선사께서 순절한 것을 그 누가 능히 알가
의적은 의연히 해와 같이 밝을지로다

倭寇侵攻孰不爭
將軍倡義盡忠成
爲民烈意千秋鑑
護國丹心永世聲
勝戰累回充士氣
壯圖未遂恨天情
先師殉節誰能識
懿蹟巍然與日明

姓名: 金鍾珉　本貫: 金海
職位: 儒林　郵便: 576－941
住所: 全北 金堤市 金溝面 名山(아)가동 103호
電話: 546－4640

공전절후(空前絶後)의 영웅

최재윤

석징 장군은 낸 앞상서서 일본군과 항쟁하고
백성을 창의하여 단결을 이루었네
일본군을 격퇴시키는 데 용기가 충천하고
독립 정신으로 한탄의 소리가 높았도다
장렬하게 몸 바쳐 지조와 절개가 굳고
나라를 구하는 데 일편단심 충성을 다하였네
비할 수 없이 투철하게 뛰어난 영웅이요
이름이 역사에 기록이 되어 영원히 전해지리라

石井先驅抗日爭
黎民倡義結團成
倭夷討擊沖天勢
獨立精神恨歎聲
壯烈捨身堅志節
丹心救國盡忠情
空前絶後英雄卓
竹帛垂名不朽淸

姓名: 崔載閏　　本貫: 慶州
職位: 新堂書藝學院 院長　　郵便: 100－456
住所: 서울市 中區 新堂六洞 52－16
電話: 010－3158－8597 직장 2253－1739

민족의 자존(自尊)을 맑게 하리

라승여

외국침략의 어지러운 때 의병의 전쟁은
일본에 저항하는 선비들이 모두 모였네
석정 영웅은 토벌을 펼치고
지리산에 민과 군은 명성을 얻었도다
나라의 위난에 순직한 선열의 뜻을 받들어
충절을 이어가는 따뜻한 정을 그리네
국가를 걱정하는 용맹스런 영혼은 태극기를 날리며
자손만대에 민족의 자존을 맑게 하리라

外侵亂世義兵爭
抗日士林總結成
石井英雄展討伐
智異民軍振名聲
殉難先烈奉遺志
忠節繼承美熱情
憂國勇魂揚太極
子孫萬代自尊淸

姓名: 羅承汝　本貫: 錦城
郵便: 110－092　住所: 서울 鐘路區 紅把洞 164番地
電話: 02－720－1730

우국충정은 나라에서 으뜸

채완식

나라를 근심하는 충정은 우리나라에서 으뜸이고
장군의 높은 절조를 감히 누구와 같다고 할 것인가
기묘한 꾀가 징징하여 수시로 변하고
큰 뜻은 당당하여 도처에 통했네
여러 해를 창의하며 바른 기상을 붙들었고
왜노에 항거하던 당일은 위풍을 떨쳤네
널리 편 아름다운 자취가 역사에 실렸으니
김공을 추모함이 영원히 무궁하리라

憂國衷情冠海東
將軍卓節敢誰同
奇謀井井隨時變
大志堂堂到處通
倡義多年扶正氣
抗倭當日振威風
頒行懿蹟垂青史
追慕金公永不窮

姓名: 蔡完植　　本貫: 仁川
郵便: 130－082
住所: 서울시 동대문구 이문동 348－11 현대그린빌라 A동 105호
電話: 02－963－1927, 011－9740－3217

민족정기 드높였네

석노수

石井장군이 항일 투쟁하신 일은
유림과 양민의 자발적인 성취였으니
방방곡곡 민중의 봉기는 하늘에 닿고
망국의 원한은 통곡의 소리로 변한데
왜적을 타격하는 전위대는
분골쇄신하는 순절의 충정이었도다
목숨 바쳐 충성하는 피 끓는 마음은
민족정기를 더욱 청정하게 드높였도다

石井將軍抗日爭
儒林良人自發成
坊坊谷逢起衝天
亡國怨恨痛哭聲
倭賊打擊前衛隊
粉骨碎身殉節情
盡命報忠烈血心
民族精氣高揚淸

姓名: 石魯洙　本貫: 忠州
郵便: 469－801　職位: 驪州老人福祉館漢文講師
住所: 京畿道驪州郡(邑)校里62－2
電話: 031－885－2509, 011－9795－5888

산천초목도 비통에 잠겼었네

백락춘

경술년 큰 흉사 치욕의 국치 시에
산천의 초목도 비통에 잠겼었네
사족들의 의분은 천고의 절개요
장군의 충렬은 만인의 사표로세
용병하는 웅장한 뜻 호룡의 용태였고
나라 위한 일편단심 송백의 자태로다
지리산 요새에서 부대 운영 어려워라
왜적토벌 크신 고충 어찌 아니 생각하리

庚戌丕凶恥辱時
山川草木浸於悲
士族義憤千古節
將軍忠烈萬人師
用兵壯志虎龍態
爲國丹心松栢姿
地異要塞營陣苦
苦夷討敵盍乎思

姓名: 白樂春　本貫: 藍浦(남포)
職位: 明信書藝漢文學院長　住所: 서울 江西區 傍花洞 567 2
電話: 018－267－7136 02－2664－7136

선비의 항일투혼

김종원

신하로서 자식으로서 지킬 도리를 3대가 이었으니
삼족 가문에 영원 무궁히 살아 있음이라.
우리 땅에서 어지러이 싸운 결과는 승리라 할 수 없지만
민족정신에 가르치는바 자손만대에 이어지리.
석정 장군의 의로운 기운이 왕성하여
유약한 선비들이 떨쳐 나와 십만이나 되었으니
만약 강한 무기를 갖추었더라면 백 번인들 이기지 못하였을까?
삼대에 걸친 투혼이 만 리에 소리치는 것 같구나.

臣綱子綱三代繩
三族家門永世生
疆域亂戰果非勝
民族精訓歲歲承
石井將軍義氣盛
柔儒憤起十萬成
若備强材能百勝
三代鬪魂萬里聲

姓名: 金鍾元　　本貫: 慶州
職位: 後學　　住所: 서울 서초구 반포4동 612－99
電話: 02－532－0866, 010－2429－0759

순국충혼은 날로 더욱 빛나네

홍필남

의병을 일으켜 목숨 받쳐 전장에 싸우셨고
일편단심으로 의적을 이루었네.
순국충혼은 날로 더해 빛나서
장군의 용맹이 명성을 떨치었네.
무공의욕이 국민의 뜻을 알고
독립정신은 세정을 깨달았더라.
청사에 석정장군 유훈이 빛나서
비명은 만세로 사시에 맑더라.

義兵命盡戰場爭
一片丹心懿跡成
殉國忠魂輝日益
將軍勇猛振名聲
武功意慾知民志
獨立精神覺世情
青史石井遺訓赫
碑銘萬世四時淸

姓名: 洪必男 本貫: 南陽
職位. 浦項市議會 議員
住所: 경북 포항시 북구 용흥동 현대타워1차 103동 204호
電話: 054－241－0475, 016－9502－6644

지리산변에서 대승을 거두셨네

류동열

장군께서 적에 대항하여 웅쟁에 나아가
지리산변에서 대승을 거두시네
창의 정신은 죽백에 드리워 있고
진충 장지는 명성을 떨치셨네
능히 물리칠 수 있는 힘은 비범한 전략에 있고
통솔할 수 있는 정은 용맹스러운 위의에서였네
나라를 구하기 위해 삼대가 이어 몸을 바치시니
그 공훈이 헛되지 않고 백주년이 신선하구나

將軍抗敵出雄爭
智異山邊大勝成
倡義精神垂竹帛
盡忠壯志振名聲
龍蛇勇略能排力
虎豹威儀統率情
救國捐身三代續
功勳不朽百周淸

姓名: 柳東烈　　　　本貫: 文化
職位: 自營業
住所: 서울 광진구 자양3동789 현대Ⓐ 801－1503
電話: 016－458－9460

섬진강 물소리 어찌 잊으리

권 중

장군의 의리와 기백을 누구와 쟁비하리까?
오로지 한이 됨은 삼현 모알 못함이요
지리산에 아직도 도왜 침략 전해오고
섬진강물인들 항왜소리 어찌 잊으리
나라 위해 진명함은 충신의 할 일이요
민족 아껴 행공함도 덕사의 정의로세
원하노니 묘우세워 영령 편케 모시고
비세워 전사새겨 훈명을 맑게 하리

將軍義氣有誰爭
唯恨三賢謁未成
智岳猶傳侵掠跡
蟾津何忘抗倭聲
爲邦盡命忠臣事
愛族行功德士情
願建英靈安息廟
銘碑戰史勳名淸

姓名: 權重　本貫: 安東
職位: 儒林　住所: 慶北 聞慶市 聞慶邑 唐浦里
電話: 054 572－3624

묘우 세워 천세만세 받들세

권세창

장군께서 목숨 다해 왜적과 전쟁함은
한걸양 광복인데 끝내 못본체 순사했도다
삼대 모두 몸 버림은 부국의 넋이오며
일가 모두 힘 다했음은 백성 구한 명성일세
그 공 높이 천양하여 풍화를 흥성하고
행공을 포상함도 적실한 세정일세
묘우 세워 영안하여 천세만세 받들며
후생들의 귀감으로 길이 맑게 드리우리라

將軍盡命與倭爭
光復懷胸不見成
三代捐身扶國魄
一家竭力救民聲
闡揚使効興風化
褒賞行功適實情
建廟靈安千歲奉
後生龜鑑永垂淸

姓名: 權世昌　　本貫: 安東
職位: 訓學　　住所: 慶北 聞波市 山北面 書中里
電話: 054 552－7223, 017 533－7223

오늘날 감복하지 않은 이가 없네

이광표

도덕도 없고 약속을 속인 왜구가 잦으니
대비를 못하면 마땅히 치욕이 임금과 신하에게 미치네
일본의 침략에 대항하여 3대에 창의한 넋이여
나라를 구하려는 일념으로 순절한 몸이여
정치를 못하는 장본은 탐관오리 때문이요
나라를 일으키는 근원은 선비와 민중을 양성하는 길
오직 어진 손자가 불귀의 객이 된 것 슬프니
길이 사모하여 오늘날 감복하지 않은 사람이 없도다

無道欺信倭寇頻
未備當辱及君臣
抗日三代倡義魄
救國一念殉節身
失政張本在汚吏
興邦根源養士民
唯哀賢孫不歸客
無思莫服今時人

姓名: 李廣杓 本貫: 全州
職位: (社)大韓風水地理學會副會長
住所: 서울 광진구 구의동 610 현대A 601－601
電話: 02, 454－2135, 011－9065－2135

전사를 비에 새겨 길이 전하세

권대진

장군의 크신 유훈 누구와 비교되리오 마는
한탄이란 삼현의 묘우 아직 미성이로다
지리산은 아직도 순사 읍곡 격서요
섬진강물 오히려 토왜소리 떨치네
나라 위해 목숨 받침 공신만이 할일요
민족 아껴 몸 버림도 보국의 뜻이로다
바라나니 신주모셔 천세토록 봉안하고
전사일랑 비에 새겨 길이 맑게 전함일세.

將軍偉勳有誰爭
惟歎三賢廟未成
智岳猶鳴殉死檄
蟾津尙振討倭聲
爲邦盡命供臣事
愛族捐身報國情
唯望安靈千歲奉
銘碑戰史永傳淸

姓名: 權大鎭　　本貫: 安東
職位: 儒林　　郵便: 745－891
住所: 慶北 聞慶市 興德洞 775－7
電話: 054 552－7115, 010 6551－1855

만년이나 맑으리

이송호

장군의 나라구한 전쟁을 회고하니
창의한 민병이 대첩을 이루었네
탁월한 정충은 위적을 전하고
숭고한 순절도 명성이 진동했소
능연에 드러낸 것은 왜를 쫓아낸 일이요
죽백에 드러난 공훈은 호국정일세
삼대가 헌신했으니 누가 앙모 아니하리
풍광 재월 같은 인품은 만년이나 맑으리

將軍回顧救邦爭
倡義民兵大捷成
卓越貞忠傳偉蹟
崇高殉節振名聲
凌烟掛像驅倭事
竹帛垂勳護國情
三代獻身誰不仰
光風霽月萬年淸

姓名: 李松鎬　本貫: 星州
職位: 儒林　郵便: 704－820
住所: 大邱市 建西區 松峴2洞110 송현제림타운 101동 1406호
電話: 053－626－1778

민중이 공경하고 사랑하네

김성동

석정 선생이 도학을 떨치게 하니
산림학자 양반이 홀로 윤리를 밝혔네
왕도를 높이고 패도를 천시하니 춘추가 빛나고
정통을 호위하고 사악을 물리치니 통감강목이 새롭네
천리를 보존하고 사욕이 없으므로 몸이 정의를 취했고
공을 세우고 먹지 않으므로 덕이 인을 이루었도다
영웅은 본래 충성과 효도를 다하나니
순절한 3대를 민중이 공경하고 사랑하네

石井先生道學振
山林兩班獨明倫
尊王賤覇春秋赫
衛正斥邪綱目新
存理無欲身取義
立功不食德成仁
英雄本來盡忠孝
殉節三代民敬親

姓名: 金星東　　本貫: 안동
職位: 동양문화연구소상임이사　　住所: 서울 동작구 사당1동 1016－39(2층)
電話: (02) 584－4107

피흘린 자취

이용학

석정 선생이 의병을 일으켜서
왜적을 대항하고 역적을 성토하여 공훈을 세웠네
5경을 읽어 도를 통하니 급히 군사를 모집하고
3략을 읽어 신묘함에 들어가니 격문이 빨리 전했도다
나라를 구하고 민중을 사랑함은 큰 선비의 직분이요
군대를 써서 적을 쳐부숨은 이름난 장수의 분수로세
호남의 지리산에는 깊은 계곡도 많으니
곳곳에 붉고 푸른 것은 피흘린 자취라오

石井先生倡義軍
抗倭討賊立功勳
五經通道急招募
三略入神速檄文
救國愛民元上職
用兵破敵名將分
湖南智異多深谷
處處丹青流血紋

姓名: 李庸學 本貫: 延安
職位: 동양문화연구소 이사
住所: 경기도 부천시 소사구 심곡본 1동 645－13
電話: 032) 668－5167

민족정신의 거울

남송조

의병으로 목숨 바쳐 전장에 싸우셨고
공적은 천추토록 교범으로 이루셨네
호국의 진심은 의지를 머금었고
장군의 절조는 함성을 떨치었네
석정장군은 민족정신의 귀감이 되고
승지에 비명은 강한 의지의 뜻이 있네
원근유림이 경축하는 자리이고
방명은 만세도록 오래도록 맑으리라

義兵盡命戰場爭
功績千秋教範成
護國眞心含意志
將軍節操振喊聲
石井民族精神鑑
勝地碑銘氣概情
遠近儒林筵慶祝
芳名萬歲永悠淸

姓名: 南松助　本貫: 英陽
職位: 前 講師　郵便: 139－891
住所: 서울시 노원구 상계1동 은빛아파트 202동 1407호
電話: 016－572－5979

독도는 우리 땅

오의남

용서할 수 없는 포악한 무리 그대들,
지난 국난을 상상하여 의병을 일으켰구려
어린 백성 나라 잃은 슬픔이 간절함에
눈물 어린 고통 감내하기 어렵도다.
우리 강토인 독도를 누가 감히 넘보는가.
왜구는 공적인데 어찌 숭앙할 수 있는가.
부끄럽구나! 늑약 국면을 전환하자꾸나
먼 길 나라의 운명을 위해 그 누가 공을 세우려나……

悍賊難容覆載風
追思倡義百週同
民黎痛切亡邦峽
涕淚流添苦海窮
獨島吾疆誰敢拒
倭夷公寇竟何崇
羞哉勒約今終局
國步長程可樹功

姓名: 吳義男 雅號: 秋亭
郵便: 151－836 電話: 02－888－6622
住所: 서울 관악 봉천4동 865－6 궁전연립 102호

제 4 부

부 록

이 방송 프로그램은 KBS 박형숙 PD의 연출과 주경희 작가의 질문구성과 김선동 아나운서의 진행으로 2007년 7월 30일부터 8월 5일까지 KBS라디오 사회교육 제1방송 “종교와 인생” 시간에 방송한 내용 중에 생명의 말씀 1회분과 믿음으로 사는 삶 7회분을 녹취한 것입니다. 우리의 항일 독립 전쟁의 역사는 1회분(2007.7.30)으로 동양문화연구소장 서정기 선생의 말씀이고 믿음으로 사는 삶 7회분은 항일독립전쟁의 영웅 석정 김동식 장군의 손녀이신 김소화 여사의 회고담으로 KBS라디오 방송에서 항일독립전쟁의 민군 창의 100주년을 기념하여 특별히 마련하였기에 여기에 부록으로 편집하여 길이 후세에 전하고자 합니다(편집위원장 이상만 기록).

KBS 라디오 사회교육 제1방송 <종교와 인생 - 생명의 말씀>

유림의 항일독립전쟁의 역사

서 정 기

동양문화연구소장

청취자 여러분 안녕하십니까?

오늘은 유림의 항일독립전쟁의 역사에 대하여 말씀드리겠습니다. 올해는 1907년 6월 15일 정미7늑약으로 우리 군대까지 해산을 당하자 전국 유림이 총궐기하여 3년간 치열하게 항일독립전쟁을 본격적으로 착수한 지 100주년이 되는 해입니다. 여러분은 임진왜란 때에 유림이 의병을 일으켜 혁혁하게 싸운 역사는 이미 배워서 잘 알고 있을 줄 압니다.

그러나 임진왜란이 일어난 지 300여 년 만에 다시 침략한 일본 군대와 전면전을 선포하고 거룩하게 싸웠던 13도 민군의 전사에 대해서는 아는 사람이 별로 없을 줄로 압니다. 1905년 을사5늑약을 일본이 강행하여 우리나라의 외교권을 박탈하자, 우리민족이 을사5적을 규탄하고 일본의 불법침략에 항의하여 洪萬植, 趙秉世, 閔泳煥, 金奉學, 李相哲, 宋秉璿 열사들이 자결하였으며 다음해에는 閔宗植 장군이 홍주에서 의병을 일으키고 또 勉菴 崔益鉉 의병대장이 일본의 16개 큰 죄악을 성토하며 호남에서 의병을 일으켰다가 대마도에서 굶어 순절한 결과 그 뒤로는 신문보도를 완전히 통제하여 의병전쟁의 기사를 삭제당했기 때문에 세상에 알릴 수가 없었습니다.

당시의 독립전쟁사의 전모를 엿볼 수 있는 우리 쪽 자료는 황현

(黃玹) 선생이 기록한 『매천야록(梅泉野錄)』이 유일하고 일본 측 자료는 소위 조선주둔군 사령부 편 『朝鮮暴徒討伐誌』가 있으며 기타 우리 의병대장의 성토문, 포고문과 재판기록문서 등이 있는데 이러한 자료에 근거하더라고 1907년 8월부터 1910년 말까지 우리나라의 존경받는 유학자(儒學者)인 산림학자양반(山林學者兩班) 10만 명과 유학을 공부하는 유생(儒生) 110만 명이 비밀리에 단결하여 14만 명의 대한독립 민군(民軍)을 양성하여 전국 각지에서 일본군을 3000여 회에 걸쳐 토벌하여 많은 지역에서 일본군을 물리친 혁혁한 전공을 세우고 일본군의 통계로 17,779명의 한국 의병이 죽었고 1만 정의 총포를 노획했다고 하였으니 이것이 전쟁이 아니고 무엇이겠습니까?

지난 100년 전 정미년의 항일독립전쟁을 일으킨 유림 의병대장은 수천 명을 헤아립니다. 각 지역마다 의병을 일으키지 않은 곳이 없을 정도지요. 우선 창의 100주년이 되신 민족 영웅을 보면 가장 먼저 단양에서 이강년(李康秊) 의병대장이 칼을 뽑아들고 각지의 의병을 모집하니 金尙台, 李萬源, 白南奎, 河漢端, 權用佾, 閔舜鎬 등 39명의 의병장들이 호응하고 또한 원주 진위대에서 의거를 일으켰던 閔肯鎬 대장이 합세하여 경북, 강원, 충북의 일본군을 토벌하여 1907.7.5일 제천전투에서 500여 명의 적군을 사살하였습니다.

동년 8월 초에는 鄭直煥 의병장이 경상북도 東大山에서 倡義하여 왜적을 소탕하고 8월 5일에는 盧炳大 의병장이 金丟老, 宋昌憲, 林容德 의병장과 함께 속리산에서 의병을 일으켜 보은, 상주, 청주, 성주, 거창 지역의 왜군을 토벌하였습니다.

강원도에서 의병을 일으킨 李殷贊 의병대장과 李載求 의병대장은 李麟榮 선생을 찾아가서 총대장으로 추대하고 관동창의대장(關東倡義大將)의 깃발을 높이 세운 다음 8도의 의병을 모으니 강원도 민군은 이은찬 장군과 이재구 장군이 6,000명을 거느리고 충청도 민군은 이강년 장군이 500명, 경기도는 허위(許蔿) 장군이 2,000명, 황해도는 권중식(權重植) 장군이 500명, 평안도는 방인관(方仁寬) 장군이 80명, 함경도 민군은 정봉유(鄭鳳裕) 장군이 80명, 경상도는 박정빈 의병대장이, 전라도는 문태수(文泰洙) 장군이 각각 100명을 거느리고 와서 이인영 장군을 총대장으로 추대하여 공동보조를 취하기로 결의하니 강원도 내 19개 군수가 모두 도망하여 각 고을의 행정을 민군이 접수하니 감히 왜군이 접근하지도 못했습니다.

1907년 8월 20일 안성에서 의병을 일으킨 김동식 장군은 아들 김봉환 의병장과 함께 동월 28일 죽산군의 정주원(鄭周源) 의병장과 안성군민 회의를 열고 관아를 접수한 다음 300여 명의 의병을 이끌고 지리산으로 들어가 웅거하면서 호남과 영남의 왜적을 토벌하여 큰 전과를 올렸으니 초기에는 전남의병장 고광순(高光洵)부대와 연합하고 고광순 의병장이 구례에서 전사하자 다시 전북의병장 이석용(李錫庸) 장군과 연합하였으며 이어서 호남 창의대장 기삼연(奇參衍) 장군의 휘하에 있는 김용구(金容球), 김준(金準), 이철형(李哲衡), 이남규(李南奎) 의병장과 연대하며 호남해방의 기세를 올렸습니다. 이리하여 일본군이 무서워하면서 말하기를 "1907년 9월 상순 광주부근에서 곡성, 담양, 창평, 옥과에 걸쳐 민심이 험악해지기 시작했다. 10월에 이르자 드디어 한 부대의 폭도가 순창 우체국을 습격약탈하고 15일에는 동복순사주재소를 습격하였으며 19일에는 구례, 영광의 헌병분견소가 습격당했는데 이 폭도의 수괴(首魁)는 김동식, 고광순 등으로 전라남북도에 있어서 폭도의 선구자였다."라고 『조선주둔군 사령부 편 조선폭도 토벌지 제4편 제2장 전라남북도 및 그 부근에 있어서의 토벌』이라는 책에 올라 있는 내용입니다.

그리고 또 1907년에 의병을 일으켜서 혁혁하게 싸운 분이 많습니다만 일찍이 민종식 의병부대의 선봉장으로 항일전쟁을 계속했던 김동신(金東臣) 의병대장이 공주, 회덕, 연산 등지에서 활발하게 싸웠고, 강화에서 창의한 이능권 의병대장과 경기, 황해, 강원 지역에서 활약한 연기우(延基羽), 김규식(金圭植), 권중설(權重卨), 이진용(李鎭龍) 장군이 있으며 을미사변 때 국모시해에 대한 복수를 주장하면서 8도 의병을 일으켰던 유인석 장군도 이때에 평안도 순천군에서 다시 관서우림을 모아 의병을 일으켜 싸웠고 갑산(甲山)에서 홍범도 장군이 송상봉(宋相鳳) 의병장과 함께 창의하여 장렬하게 항일전쟁을 하였습니다.

이렇게 많은 유림(儒林)이 독립전쟁을 일으킨 지 이제 100주년이 되었습니다. 우리는 마땅히 크게 추모하고 그 상엄한 정신을 계승하여 자랑스러운 나라를 다시 건설해야 되겠습니다. 감사합니다.

KBS 라디오 사회교육 제1방송 종교와 인생

믿음으로 사는 삶

김 소 화
(석정 김동식 장군 손녀)

■종교와 인생 – 유교 편 〈2007. 7. 30 월요일 대담〉

아나운서: (김선동) 오늘 믿음으로 사는 삶의 초대석에 모실 분은 생동감 넘치는 삶을 사신 분인데요. 항일독립운동의 영웅이셨던 석정 김동식 장군의 손녀이신 김소화 여사입니다. 앞으로 1주일 동안 말씀을 듣는 시간을 마련했습니다. 특히 막내며느님인 백명화 씨도 함께 모셨습니다.
두 분 안녕하십니까?

김 소 화: 안녕하세요. 반갑습니다.

아나운서: 요즈음 어떻게 지내시고 계십니까?

김 소 화: 주인 양반이 경주 김씨 종친회에 저를 가입시켜 주셨어요. 그곳을 친정삼아 다니라고 하여 주로 그곳엘 갑니다. 아무래도 아녀자의 몸이라 가서도 보릿자루 갖다 놓은 것 마냥 조용히 있다가 오곤 하지요.

아나운서: 최근까지 기억에 남는 일이 있으신지요.

김 소 화: 네, 옛날에 이석용 선생님의 자제분인 이원영 선생님이 자기가 나이가 많으니까 죽기 전에 김동식 선생님의 후손을

찾아야 하겠다고 방을 써 붙였답니다. 3년이 지나도 소식이 없으니까 이 양반이 박정희 대통령에게 상소를 올렸어요. 누군가 전주로 관광을 가서 보니까 내 이름이 거기 방에 붙어 있다고 연락이 와서 하루는 그곳을 내려가 보니까 아버지 존함까지 다 나와 있더라고요.

아나운서: 그때가 여사님이 몇 세 때 이야기지요.

김 소 화: 1972년 전이었습니다. 내려가서 방을 한 장 얻어가지고 집에 와서 자세히 보니까 내용 중에 아버지 이야기가 많이 나오고 이석용 선생님의 함자가 있는 것을 보고 거기를 찾아갔습니다.

아나운서: 지금 말씀하고 계신 이석용이라는 분은 한말 의병장이신데요. 고종이 양위하고 군대가 해산되자 호남창의맹소를 설치하고 진안에서 의병활동을 하신 분을 말씀하시는 거죠.

김 소 화: 네, 맞습니다. 이석용 선생님 이름이 아니었으면 몰랐을 건데 그 이석용 선생님에 대한 말씀은 아버지한테 귀에 젖도록 들었거든요. 거기를 찾아갔더니 황극단을 지키고 있다고 해서 그 집을 물어물어 찾아갔어요. 이야기를 듣고 보니 이 양반이 너무 가짜가 많아서 내용사를 확실히 모르면 인정을 안 해 주겠다면서 도저히 만나서 이야기할 정감을 안 주었어요.

아나운서: 일단 거기까지 들은 것으로 하고 며느님께 잠깐 말씀을 들어 보겠습니다.

방송국에는 이번이 처음이셨습니까?

백 명 화: 예, 처음 왔어요.

아나운서: 좀 둘러보셨나요?

백 명 화: 둘러 볼 새가 없이 그냥 녹음실로 온 것 같아요.

아나운서: 댁에서는 라디오를 듣는 편이신가요?

백 명 화: 일을 하다 보니까 집에서는 어렵고 운전 중에 듣는 편이지요.

아나운서: 혹시 석정 김동식 장군이 시외증조할아버님이 되시잖아요. 어떤 분인지 알고 계셨나요?

백 명 화: 글쎄 시어머님한테 좀 들었긴 해도 제대로 알려 하지 않았고 그냥 그렇게 세월을 지내 온 것 같아서 참 아쉽네요. 오늘을 기점으로 해서 시어머님한테 좋은 말씀을 들어야 할 것 같아요.

아나운서: 저희가 초대를 잘한 것이죠?

백 명 화: 네, 그러신 것 같아요.

아나운서: 결혼한 지는 얼마나 되십니까?

백 명 화: 20년 됐어요.

아나운서: 20년 동안 시외증조할아버님이 어떤 분인지 알고 계셨습니까?

백 명 화: 열사이시고 독립운동가라는 것은 알고 있었습니다.

아나운서: 왜 며느님한테 석정 김동식 장군에 대하여 말을 안 해주셨어요?

김 소 화: 제 자손한테 자세한 말은 잘 안 했어요.

아나운서: 왜요? 좀 해 주시죠.

김 소 화: 왜냐하면 혈육이라고는 나 하나만 남았는데 제가 포상이 되어 있는 것도 아니고 그 말을 해 봤자 지나간 이야기 누가 인정해 줄 것 같지도 않고 그래서 일체 말을 안 했었지요.

아나운서: 오늘 이 기회에 7번에 걸쳐 청취자들에게 하시면서 며느님한테도 좋은 계기가 된 것 같네요. 석정 김동식 장군이 어떤 분이셨는지 아시는 대로 좀 말씀을 해 주셨으면 좋

겠습니다.

김 소 화: 제 할아버지는 지가 본 적도 없고 아버지 말씀을 들어봐서는 할아버지가 얼마나 엄하고 무서웠는지 저의 아버지가 할아버지 얼굴을 못 보셨대요. 항상 머리를 조아리고 공부한 것을 저녁이면 할아버지 앞에서 꼭 강을 받으셨답니다. 그러니까 아버지 앞에서 하도 무서워서 코를 훌쩍훌쩍하면서 있으실 때 할아버지가 코풀고 오라는 소리를 하시면 책에 '코풀구'가 있는 줄 알고 외웠대요. 그러자 할아버지가 담배 대로 머리를 치는데 정신이 아찔하더래요. 널더러 코풀고 오라고 했지 '코풀구'라고 있냐고 호령을 하시더래요. 그래서 우리 아버지 말씀이 자기는 아버지가 너무 무서워서 아버지 얼굴을 제대로 못 보아 가지고 한이 되니까 너는 이 애비의 얼굴을 똑바로 봐두라고 하셨어요.

아나운서: 그래서 아버지 얼굴을 똑바로 봐두셨어요?

김 소 화: 아버지는 노상 말할 적마다 이 애비의 얼굴을 보면서 말을 해라.

아나운서: 그러면 아버지의 얼굴이 지금도 기억나시겠네요. 어떻게 생기셨는지 말씀 좀 해 주시죠.

김 소 화: 저의 아버지는 남자로서는 너무 예쁘장하셨어요. 제가 아버지를 닮았으면 천하일색 소리를 들었을 텐데 아버지와 어머니 반반 닮았어요.

아나운서: 며느님, 여사님이 올해가 어떻게 되시지요?

백 명 화: 금년이 팔순 되세요.

아나운서: 할아버지에 대하여 아버지한테서 들으신 대로 좀 더 말씀해 주세요.

김 소 화: 저의 아버지가 둘째래요. 그런데 큰아버지가 세상을 뜨셨대요. 아버지가 장남 역할을 하신거지요. 그래서 자손이라고는 아버지 하나밖에 없는데 할아버지가 그렇게 엄하게 산이고 어디고 데리고 다니면서 개구리도 잡아서 먹으라 하실 땐 비위가 안 맞아 구역질도 했다고 그러셨어요. 그리고 옛날에 사서삼경까지 줄줄이 외우게끔 공부를 시켜주시면서 저의 아버지를 산으로 올려 보내셨답니다. 산에 가서는 어느 도사를 만나 무술을 배우셨답니다. 그래서 아버지가 무술에 능란했어요.

아나운서: 왜 무술을 배우게 하셨을까요?

김 소 화: 그러니까 할아버지가 정세를 도인처럼 알았는지 이상하게 아버지를 그렇게 엄격하게 기르셨대요.

아나운서: 그런데 할아버지가 의병으로 항일독립운동에 참여하셨는데 그 때가 몇 살 때였을까요?

김 소 화: 그때가 할아버지 연세가 53인가 56 사이라고 했어요. 이 양반이 산림학당을 꾸미면서 유생들을 공부시키면서 주로 나라의 정세에 대하여 논하면서 최익현 선생님하고 일을 했는데 최익현 선생님이 어딜 가시면 안성에 들러서 한양에 올라가시고 일을 보시고는 안성에 와서 청양으로 가시고 그랬데요. 그래서 그곳에서 민종식 선생님하고 최익현 선생님하고 자주 대화가 되어가지고 의병활동에 대하여 의논을 한 것 같아요. 할아버지가 돈을 모아서 창 같은 무기를 만들어 준비해 가지고 광 속에다 감추어 놓고 몰래 많이 만들었어요. 아버지한테 말씀을 들어보니까.

아나운서: 네 그렇군요. 그래서 그 의병으로 전쟁터에 나가셨기 때문에 집안 형편이 말이 아니었겠어요?

김 소 화: 그 당시에 저는 없었기 때문에 내용을 잘은 몰라도 쑥대밭이 되었겠지요.

아나운서: 말씀 듣다 보니까 오늘은 시간이 다되어서 내일 이 시간에 뒤 말씀 좋은 말씀 듣기로 하지요.

지금까지 항일독립운동의 영웅이셨던 석정 김동식 장군 손녀이신 김소화 여사를 모시고 말씀을 나누었습니다. 막내며느리인 백명화 씨도 자리를 함께하셨습니다.

여러분 안녕히 계십시오.

■종교와 인생 – 유교 편 〈2007. 7. 31 화요일 대담〉

아나운서: 오늘 믿음으로 사는 삶의 초대석에도 조국의 독립운동에 헌신하셨던 항일독립전쟁의 영웅 석정 김동식 장군의 손녀이신 김소화 여사입니다. 막내며느님이신 백명화 씨도 자리를 함께하셨습니다.

두 분 안녕하십니까?

김 소 화: 안녕하세요. 반갑습니다.

아나운서: 오늘 두 번째 만남인데요. 지금의 마음이 어떠세요?

김 소 화: 그냥 마음이 편안하고 속이 후련하네요.

아나운서: 어제 할아버지 의병활동 이야기를 하시다가 시간이 다되어서 못하신 뒤 말씀을 이어주시면 좋겠어요.

김 소 화: 할아버지가 최익현 선생님이나 민종식 선생님하고 토론을 많이 하셔 가지고 의병을 일으키는데 민정식 선생은 홍성에서 일어나기로 되어 있고 최익현 선생은 호남에서 일어나기로 되었어요. 그런데 저의 아버지는 항상 할아버지를

따라 다니는 양상이었고 그 당시 할아버지는 호남으로 가지 못하시고 뒤에 안성에서 창의하여 지리산으로 들어가서 싸웠데요. 이석용 선생님이 아버지를 보고 형님이라고 깍듯이 존대를 했답니다. 그러니까 저의 할아버님께는 아버님이라고 불렀대요. 그 당시 아버지 말씀이 이석용 선생이 3대독자라는 말을 들으셨대요. 이석용 선생님을 이학사라고 부르기도 하고 이석용 선생님이라고 불렀다고 하시는데 그 당시 갓 서른 살이었고 저의 아버지는 갑술년이니까 세 살이 위라고 하셨어요. 그 당시 할아버지 병법이 이상할 정도로 달랐대요. 그전까지 의병들이 자꾸 당하니까 새로운 병법을 써서 각 가장자리에다가 50명씩 부하를 내보내고 할아버지하고 이석용 선생하고는 한 복판으로 진격하면서 싸웠대요. 그러니까 할아버지가 왜병들을 정신산란하게 하고 중앙을 돌파하여 군대고 헌병대고 파출소고 그냥 모두 부셨답니다. 그래서 할아버지가 다시 고광순 선생님하고 의병활동을 하였는데 고광순 선생이 전남 구례에 있는 영암사 절에서 전사를 하셨대요.

아나운서: 참고로 지금 말씀하고 계신 석정 김동식 장군에 대하여 간략하게 소개해드리면요. 1854년에 경기도 안성에서 출생하셨습니다. 그리고 정미7조약에서 군대해산 등 일제식민지 정책이 노골화되자 54세의 고령으로 안성에서부터 의병을 일으키기 시작하여 1907년 8월 전라북도 진안 마이산에서 봉기한 이석용 의병대에 가담하시고 항일의병활동을 전개하였습니다. 그리고 호남 지역 연합의병지인 호남 의병창의 맹소에서 활동하다가 전라북도, 진안, 순창, 장수, 남원, 임실 등지에서 일본군과 교전 전과를 올렸으며 진안읍과

장수군청을 탈환 일제부역자를 처단하기도 하였습니다. 그리고 지난 1910년 12월 27일 함께 의병활동을 했던 호남지역의 병장의 전사소식을 듣고 분함을 이기지 못해 피를 토하고 순국하셨습니다.

그 후에 1962년도에 정부로부터 건국훈장 독립장이 추서되었고, 국가보훈처는 지난 1998년에 김동식 선생을 12월의 독립운동가로 선정하였습니다. 이렇게 할아버지에 대하여 대략적으로 소개했습니다만 따님이 본 아버지는 어떤 분이셨는지 직접 보셨기 때문에 말씀을 듣고 싶습니다.

김 소 화: 저의 아버지는 키가 후리후리하면서 옛날에 영국신사라고 해서 멋있으셨어요.

아나운서: 아버님이 여사님을 몇 살 때 낳으셨나요?

김 소 화: 그때는 이미 아버지는 의병활동하시다가 늙으셨고 어머니가 쉰에 저를 낳았어요.

아나운서: 아버지는 원래 무엇을 하셨지요?

김 소 화: 원래 학자였어요. 그것도 저는 몰랐는데 이석용 선생님 자제분인 이원영 선생님이 말씀하시는데 석암거사(石巖居士) 김봉한이 유명한 학자였답니다.

아나운서: 그런데 학자로서 유림이셨다는 말씀도 들었습니다만……

김 소 화: 네, 유림으로서 유교사상이 있어 가지고 조상을 받드는데 일념정성을 다하시는 것을 제가 어려서부터 많이 보고 느끼고 또 할아버지 제사 때 보면 이석용 선생님, 고광순 선생님, 기삼연 선생님 위패를 써 놓고 제사를 모셨어요.

아나운서: 이석용 선생님은 의병대장을 하셨던 분이죠.

김 소 화: 네. 맞습니다.

아나운서: 아버님이 학자 유림으로서 의병활동을 하시기 전에는 아

이들을 많이 가르치셨나요? 훈장을 하셨나요?

김 소 화: 아버지가 하신 행적은 별로 말씀이 없었고 항상 할아버지에 대한 말씀만 귀가 젖도록 해 주셔서 잘 모르지요. 옛날이야기 다하면 할아버지에 대한 거였어요.

아나운서: 그럼 지금도 잊히지 않는 아버님에 대한 말씀은 없나요?

김 소 화: 제가 어려서 보면 옛날에 글 배움이 없다 보니 집에 편지를 못하니까 누군가가 아저씨 우리 친정에 편지 좀 써주세요 하면요 이분이 손바닥에다 종이 짝 하나 놓고 줄줄 써주는 거야요. 한문을 모르니까 다시 해석해 주시는 거예요. 그럼 아저씨 내 속에 있는 말을 다해 주셨다고 고마워하는 것이에요. 제가 볼 때 아버지 글씨가 명필이라는 것을 아는 것은 항상 붓하고 먹물을 가지고 다니면서 누가 써 달라고 하면 써 주고 할 정도였어요.

아나운서: 네, 학자 분이셨기 때문에 학식도 높으셔서 따님한테 항상 주신 말씀이 있었을 텐데요.

김 소 화: 항상 교육이 이석용 선생님이 성수면에서 체포당해 가지고 대구 형무소에서 사형당했다고 하실 때 잊어버릴까 봐 을사년이라 안 하시고 명치38년이라고 해 주셨어요. 명치38년이라 한 것은 손가락을 펴 보면 한 쪽 손에 매듭이 14개에요. 양손을 합하면 얼마냐 물으시면 28개에요 하면 거기다 손가락 10개를 합하면 38이 된다 하시며 바로 38년에 을사조약이 일어났고, 명치44년에 명치시대가 종막을 고하였다는 것입니다. 명치44년은 어떻게 나왔냐 하면 팔에 매듭이 3개 있잖아요. 양팔이 면 6개가 되니까 38에 6을 더하면 44가 된다는 식으로 어릴 때이니까 잊지 말고 잘 기억하라고 가르쳤어요. 이석용 선생님이 원년에 4월 초순께

사형 받았다는 말씀을 입을 딱 벌리라고 해 놓고는 입이 둥그러니까 원이다. 이런 식으로 말씀해 주셨어요.

아나운서: 그럼 여사님은 학교를 다니셨나요?

김 소 화: 옛날 소학교 3학년을 다니다가 잠깐 쉬었다가 겨우 5학년이 되니까 대동아 전쟁이 심해 가지고 6학년 올라가서 일정 때이니까 피난가라고 학교들이 휴업이었어요. 우리 집은 사상가의 집이었어요. 그때가 1945년도였어요. 멀찌감치 가라고 그랬어요. 아버지가 그래서 소래면 신천리라는 곳으로 갔어요. 그러고 나서 얼마 있다 나오니까 아버지는 시국이 조금 나아지면 오실 테니까 나중에 십에서 만나기로 하자고 하시고는 그만 행방불명이 된 거예요.

아나운서: 그럼 아버님이 의병활동을 하시려고 집을 나가신 것입니까?

김 소 화: 그렇죠. 그 당시 자금조달 같은 심부름을 시키셨는데 나이 열 살 때 무얼 압니까? 다 떨어진 우산에다가 무얼 꾸려가지고 전대모양 허리에다 매주어요. 절대로 풀어 보지 말고 가서 어떤 아저씨가 풀어 볼 때까지 가만히 가지고만 가라고 하시는 거예요.

아나운서: 네, 시간이 벌써 다되어서 뒷이야기는 다음 이 시간에 계속하기로 하겠습니다.

지금까지 항일독립운동의 영웅이셨던 석정 김농식 장군 손녀이신 김소화 여사를 모시고 말씀을 나누었습니다. 박 내며느리인 백명화 씨도 자리를 함께하셨습니다. 말씀 감사합니다. 여러분 안녕히 계십시오.

■종교와 인생 – 유교 편 〈2007. 8. 1 수요일 대담〉

아나운서: 새것은 언제나 새로 얻을 수 있지만 오래된 것은 많은 시간과 사랑과 정성이 필요합니다. 물건도 그런데요. 하물며 기억 속에 담겨 있는 그리움이야 오죽하겠습니까? 무엇과도 바꿀 수 없는 귀중한 보물을 가슴에 간직한 채 오랜 세월을 보내신 분이 우리 스튜디오에 오셨습니다.

조국의 독립운동에 헌신하셨던 항일독립운동의 영웅 석정 김동식 장군의 손녀이신 김소화 여사입니다. 막내며느님인 백명화 씨도 자리를 함께하셨습니다.

두 분 안녕하십니까?

김 소 화: 안녕하십니까? 반갑습니다.

아나운서: 오늘 세 번째 만남인데요. 어제에 이어서 말씀해 주시지요?

김 소 화: 아버지 말씀대로 전대를 매고 월미도를 갔어요. 바다 가운데 다리가 길게 놓여 있어 그곳을 지나면 소월미도가 나와요. 거기에는 탑이 하나 있어요. 탑을 끼고 돌아서 산으로 후미진 데에 굴이 하나가 있었는데 그 굴 못 미쳐 가면 소나무에 표적을 해 놓은 곳에 가서 저는 앉아 있어요. 그러면 어떤 아저씨가 돗자리 행상하는 것처럼 해 가지고 저의 본 이름은 기화인데 '기'냐 하고 부르면 '네!' 하고 응답하면 전대를 푸르세요. 그리고는 쪽지에 글을 써서 다시 내 몸에 숨겨주어요. 그 당시엔 그것이 무엇인지도 몰랐지요. 그저 어른들이 시키는 대로 한 것이지요.

아나운서: 그때 거리는 얼마나 됐어요?

김 소 화: 어린 저한테는 굉장히 멀었지요. 인천 시내에서 소월미도까지 찾아가는 길이니까요.

아나운서: 원래 고향이 안성이신데 어떻게 인천에서 활동하신 거죠?

김 소 화: 안성에서 저를 데리고 맷돌장사 모양을 해 가지고 독립운동을 하기 위해서 야반도주를 하셨어요. 안창호 선생님하고 같이 만주로 가시려고 식구를 홍판서 댁으로 옮겨 놓으려고 인천으로 온 거죠.

아나운서: 그때 여사님 어머님은 어디 계셨습니까?

김 소 화: 제가 어릴 때라 잘 모르지만 어머니가 몸이 좋지 않아서 세상을 먼저 뜨셨어요.

아나운서: 그럼 어머님에 대한 기억은 없으시겠네요?

김 소 화: 그저 남들에게 들어서 조금 알고 있는 것은 어머니가 품행이 좋고 남들에게 인자하게 대해 주셨다는 소리는 친척들에게 들었어요.

아나운서: 그러면 어머님이 지금도 보고 싶으시겠네요?

김 소 화: 제가 그 말을 들으면 항상 눈물이 앞을 가려 울고 지냈답니다.

아나운서: 네. 그러셨군요. 슬하에 자녀는 어떻게 두셨습니까?

김 소 화: 제가 혼자 사는 게 너무 외롭고 고독해서 힘이 있어 낳을 때까지 낳는다는 것이 2남 3녀뿐이 못 두었어요.

아나운서: 결혼은 몇 세 때 하셨어요?

김 소 화: 19살 때부터 말이 나와 가지고 23살 때 중매결혼 했지요. 병원에서 같은 일하던 사람이에요.

아나운서: 마음에 들어서 하신 거예요?

김 소 화: 저는 얼굴을 못 보았는데 이 양반은 성모병원에 있었고 저는 인천에 있는 병원에서 일을 하였으니까요.

아나운서: 그럼 병원에서 간호사 일을 하셨나요?

김 소 화: 네, 그 당시 독립투사들을 위해서 치료 같은 것을 해야 한다고 해서 마음먹고 생각을 했지요. 거기다 지금은 고인이

되신 김영식 선생님이 독립운동사상을 가지고 있어서 저를 공부를 많이 시키셨어요. 간호 공부를 많이 하라고 격려를 해 주셔서 그 당시 실습생으로 들어갔는데 워낙에 머리가 총명하고 역력하다고 해 가지고 박창현 선생님이 변검사, 피 검사 방법을 가르쳐주어 배웠지요. 지금 주인 양반이 어디서 와서 보고 한눈에 반해 가지고 김영식 선생님한테 와서 소개해 달라고 막 졸랐대요. 김영식 선생님은 자기 동생의 부인을 삼으려고 하다가 뺏긴 것이지요.

아나운서: 그렇군요. 그럼 결혼 당시에 어머니는 돌아가셨고 아버진 계셨어요?

김 소 화: 아니요, 돌아가신 뒤였어요. 옛날에 아버지는 항상 저를 데리고 다니셨어요. 지금까지 결혼생활을 하고 자식을 낳고 해도 저의 아버지처럼 애정을 갖고 보살펴 주신 분을 못 보았어요.

아나운서: 아버님이 엄청 사랑해 주셨나 봅니다.

김 소 화: 네, 아버지가 엄하면서도 항상 품에 안아주시고 그리고 네가 김씨네 집안 기둥을 이어야 한다고 하셨어요. 오라버니도 세상을 떴고 양자강 근처에서 체포되어 가지고 사형을 당하였기 때문에 공적을 찾지 못하고 있어요. 아버지가 그런 말씀을 하셨어요.

아나운서: 그럼 아버지가 낳은 형제는 어떻게 됩니까?

김 소 화: 28세 위인 오라버니하고 저 둘이지요. 그런데 오빠는 두 번밖에 못 보았어요. 한 번은 할아버지 제사 때 밤에 담 넘어 들어와서 참여한 것과 한 번은 아버지가 무슨 일인지 오빠를 다락에 몸을 숨겨두었을 때 보았지요.

아나운서: 그럼 오라버니도 아버지와 같이 독립운동에 참가하셨군요?

김 소 화: 네, 오빠는 광복군에 들어가서 활동했어요.

아나운서: 그럼 3대가 독립운동에 참가한 독립운동 집안이네요?

김 소 화: 네. 그래서 우리 친정집은 3대가 다 세상을 뜨셨어요. 그 당시 아버지가 먼 곳을 가시게 되면 안창호 선생님의 사모님이 저를 항상 감싸주시고 도와주셨어요.

아나운서: 자 우리 며느님은요? 3대가 독립운동에 투신하시다가 희생하셨는데 그 말씀을 듣고 어떠세요? 처음 들으신 거예요?

백 명 화: 네, 이렇게 핵심적으로 듣기는 처음인 것 같아요. 이처럼 숭고하시고 굉장히 존경스럽네요.

아나운서: 가슴이 뿌듯하시겠어요.

백 명 화: 어머님의 며느리라는 것이 크게 자랑스럽네요.

아나운서: 결혼 20년이라고 하셨는데 결혼 전에 이 집안의 시외가가 독립투사 집안이라는 것을 알고 계셨습니까?

백 명 화: 네, 알고 있었어요. 제 남편하고 학교 다닐 때 만나서 7년간 연애를 오래했어요. 군대에 갈 때였는데 어머님 혼자 계시니까 자주 찾아뵈었는데 그때 자주 이렇게 말씀해 주신 기억이나요.

아나운서: 아하 그렇군요. 석정 김동식 장군은 시외증조할아버지가 되시는데 그분에 대해서는 지난 시간에 좀 어머님께서 말씀하셨잖아요. 들으시면서 어떤 느낌을 받으셨어요?

백 명 화: 네, 굉장한 투사이시고 열사이신데 자랑스럽고 존경받으실 분이네요. 어머님 말씀을 듣고 보니 마음이 뿌듯하네요.

아나운서: 슬하에 자녀는 몇이나 두셨습니까?

백 명 화: 딸아이 하나 두었어요.

아나운서: 딸에게는 진외고조할아버지가 되시셨죠. 따님도 진외증조, 진외고조할아버님이 독립운동하신 것을 알고 있는가요?

백 명 화: 네, 알고 있어요. 지금 고1인데 작년에 학교에서 진외증조할아버지 열사 추모 모임이 있었어요. 게시판에 자세히 공개하고 어머님의 말씀을 녹음해서 학교에 기록을 남기게 되었어요.

아나운서: 네, 그러시군요. 훌륭한 집안에 며느님으로 들어오셔서 어깨가 무겁고 책임감을 느끼셔야 되지 않을까 생각이 드는데 시어머님을 효성으로 모시고 있는지 모르겠네요.

백 명 화: 글쎄 한다고 하는데 시어머님 마음에 흡족하실지 모르겠어요. 그냥 며느리노릇 조금하고 있습니다.

아나운서: 지금 막내며느리하고 이야기를 하고 있는데요. 예쁘세요? 어떤 때가 사랑스럽고 좋으세요?

김 소 화: 잘해요. 그냥 말없이 지금 세상이 험한데도 자기 할 일 잘하고 지내주니까 고맙고, 혼자 사니까 힘들다고 김치라도 담가오고 잘해요.

아나운서: 아, 네 그렇군요. 오늘도 말씀을 듣다 보니까 시간이 다되어서 내일 모시겠습니다. 좋으신 말씀 감사합니다.

김 소 화: 감사합니다.

아나운서: 믿음으로 사는 삶, 지금까지 항일독립전쟁의 영웅이셨던 석정 김동식 장군 손녀이신 김소화 여사를 모시고 말씀을 나누었습니다. 막내며느리인 백명화 씨도 자리를 함께하셨습니다.

말씀 감사합니다. 여러분 안녕히 계십시오.

■종교와 인생 – 유교 편 〈2007. 8. 2 목요일 대담〉

아나운서: 우리는 각자 살아야 할 삶이 있습니다. 세상에서 겪는 모든 모험은 그 삶의 목적을 실현하기 위한 배움의 일부분이라는 말도 있습니다마는 바로 일제 강점기 탄압에 굴하지 않고 투쟁을 계속하며 독립을 향한 길을 닦아내시던 석정 김동식 장군, 오늘은 김동식 장군 창의 100주년을 맞이해서 손녀이신 김소화 여사를 모시고 말씀을 듣겠습니다. 막내 며느님이신 백명화 씨도 자리를 함께하셨습니다.
오늘 네 번째 만남인데요. 두 분 안녕하십니까?

김 소 화: 안녕하십니까? 반갑습니다.

아나운서: 3대가 의병활동과 독립운동을 하신 집안이십니다. 2남 3녀를 두셨다는 말씀을 하셨는데 친정이 독립운동을 하신 집안이다 보니까 살림이 어려웠을 텐데요. 많은 고생을 하셨지요?

김 소 화: 한마디로 편안치가 않았지요. 고통도 많았고 항상 아버지는 하고 싶은 말은 참고 살라고 하셨고 그러다가 보훈처에서 딸도 조상을 찾을 수 있다는 말을 듣고 찾아 나섰는데 다행히도 이석용 선생님 자제분이 우리 할아버지 묘역을 몇 십 년간 돌보고 있었어요. 지금은 국립묘지로 모신 지도 10여 년이 지났지만 이석용 선생님의 자제분인 이원형 씨에 대한 은혜를 다 갚지 못한 것이 마음이 아프고 그분의 부인이 고광순 선생님의 조카따님이었어요. 그래서 이원형 선생님 부부가 뼈아프게 서라면 아주 세상이 뒤집어질 정도로 잘해 주셨어요.

아나운서: 아버님은 몇 세 때 돌아가셨어요?

김 소 화: 제 아버지는 8.15 전에 1945년 6월15일 날에 전사하셨어요. 인천 장성 고개라는 곳인데 옛날부터 그곳이 무서워서 사람이 근접을 못했다고 하는 곳입니다. 독립투사들은 상여를 두는 상여도에 모여서 의병 공모를 했답니다. 그러다가 그 당시에 아버지가 옛날에는 학교에서 학생들에게 산에 가서 말초나 솔방울을 따오라고 시키잖아요. 학생들이 산으로 몰려다니니까 아버지가 나를 데리고 다니면서 사람들이 저렇게 까만 옷을 입고 오면 검둥아! 검둥아! 소리를 지르라고 하셨어요. 그게 아마 일본 순사가 오면 알리라는 신호였었던 것 같아요. 그런데 하루는 까만 옷을 입은 사람들이 오길래 검둥아! 검둥아! 그랬더니 아버지와 같이 있던 분들이 도망을 한 거예요. 그러다 꼭 요런 때 소리친 것이 수상하다 해서 저만 끌려간 거예요. 인천 수상경찰서라는 곳이에요. 그런데 제가 끌려가는 것을 보면서 아버지는 도망을 가신 거예요.

아나운서: 그때가 몇 살이셨습니까?

김 소 화: 열네 살 전후였어요.

아나운서: 끌려가셔서 어떻게 하셨어요?

김 소 화: 아버지가 자식이라고는 나 하나밖에 없는데 나는 붙잡혀 가는데 도망가시니 어린 마음에 다시는 아버지라고 부르나 보다는 생각이 들더라고요. 아버지를 원망한 거예요. 그런데 경찰서 안에 들어가 보니까 그 안에는 독립투사들이 고문을 당하고 있는 거야요. 쇠고랑이 같은 것으로 치니까 살이 묻어나올 정도로 심하게 당하고 있더라고요.

아나운서: 그걸 직접 보셨어요?

김 소 화: 직접 봤지요. 그러고 있는데 일본 형사가 제일 먼저 내 손

가락 사이에 연필을 끼더니 이렇게 잡아 돌리는 데요 숨을 못 쉬게 아프더라고요. 그러면서 아버지의 행적을 말하라는 거예요. 네가 김봉환이 딸이 틀림없지 않느냐, 김봉환이 딸이면 네가 김동식의 손녀가 틀림없다. 자꾸 캐묻는 거예요. 그래서 나는 아버지 이름도 모르고 할아버지라는 양반은 알지도 못한다. 그랬더니 바로 말하게끔 하느라고 깍지를 틀어서 고통을 주는 거예요. 그때 우둑우둑 소리가 날 정도로 고문을 받아서 지금도 이 손을 못 써요. 그때 그 형사가 잠시 자리를 비우니까 그 안에 있던 투사들이 저놈이 지독하기로 유명한 콩나물 대가리라고 하더라고요. 그러니까 아무 말하지 말고 가만히 있으래요. 누구라고 말하지 말고 나보고 잘 참고 넘기라고. 그전에 아버지도 누가 뭐라고 물어도 일체 모른다고만 해라. 일부러 14살인데도 코를 턱까지 흘리면서 댕길 정도로 일부러 바보인 것처럼 하라고 하셨어요. 그러니까 저도 모른다고 피했지요. 그런데 가네가와란 한국 사람이 있었는데 한쪽 발은 독립운동에 걸치고 한편은 주재소에 와서 일하던 이중간첩이에요. 그런데 나중에 안 사실이지만 안창호 선생님 사모님이 석암 선생님의 혈육 하나를 살려라. 내가 거기 있을 때 그 사람한테 살리라고 그렇게 애원하셨답니다.

그 당시에 호적에 내 나이가 5살 아래로 되어 있어요. 그 당시 15세 미만에는 고문을 못 하게 되어 있었답니다. 그러니까 네가 고문한 것도 걸리니까 이 아이를 내주어라. 잘못하면 말 듣지 않겠느냐. 자꾸 그랬나 봐요. 가네가와 형사가 자꾸 그러는 바람에 콩나물형사가 야산 골짜기에 나를 데려다 집어던진 거예요. 그게 알려지니까 독립투사가 와서 나를 소월미도 굴속으로 데려갔지요.

아나운서: 그럼 주재소에서 며칠간이나 계셨습니까?

김 소 화: 아마 3~4일 지나 거반 일주일이 되지 않았나 그래요. 옛날 인천 배다리 밖에 김흥섭 병원이라고 있었어요. 비수를 들이대고 그 의사에게 약을 다 준비하라고 하여 유괴하다시피 하여 굴속으로 데려온 거예요.

굴속에서 강설불이 있었지만 잘 보일 리가 없지요 자세히 보니 이 손톱을 빼서 거꾸로 붙여 놓은 거예요. 담뱃불 지짐을 받은 것이 곪으니까 다시 사상이 같은 한 의사를 불러다가 비수(칼)로 째고 빨래비누를 긁어서 밥에다 버무려서 손가락, 발가락 상처 부위에 바르니까 고름을 쪽쪽 빨아내더라고요. 그래서 나중에 이 손가락을 세 번이나 수술 받아 가지고 아직도 이게 굽혀지지가 않아요.

아나운서: 아, 네. 그렇게 갖은 고생을 많이 하셨네요.

김 소 화: 네, 그러니까 아무리 고생스럽다고 해도 속으로 나는 그런 고생은 웬만하면 참아라. 속으로 하지요. 본인한테 그러면 내가 말 들을 것 같고 웬만한 고생은 참아라. 실지로 뼈아픈 고생을 한 사람은 말을 안 해요.

아나운서: 어떠세요. 며느님께서 어머님 말씀하시는 것 듣고 갖은 심한 고문을 당하시며 험한 세상을 사셨는데……

백 명 화: 제가 결혼 생활하면서 가끔 시어머니가 손이 이런 것은 고문받아서 이렇게 된 것이라고 들었는데 고생을 많이 하신 것 같더라고요. 더군다나 혼자서 감당을 다하신 것 같더라고요.

아나운서: 원래 인내심을 배우고 아버님한테 교육을 받으셨겠지만 일상생활 속에서 인내라고 할까 어머님의 모습은 어떠합니까?

백 명 화: 네, 그런 것 많이 보고 살았어요. 대개 참을성이 굉장히 깊으세요. 웬만큼 아프셔도 아프다는 말을 하지 않으세요. 저의가 못 모시고 혼자 사시는데 제가 가끔 가서 뵈면 그때나 말씀하시고 힘들어도 힘들다고 말씀을 잘하지 않으세요.

아나운서: 그럴수록 더 잘 모셔야겠다는 다짐도 하시겠어요?

백 명 화: 네. 그렇습니다.

아나운서: 자 귀한 말씀 듣다 보니까 시간이 다되어서 내일 또 뵙겠습니다.

믿음으로 사는 삶, 지금까지 항일독립운동의 영웅이셨던 석정 김동식 장군 손녀이신 김소화 여사를 모시고 말씀을 들었습니다. 막내며느리인 백명화 씨도 자리를 함께 하셨습니다.

귀한 말씀 감사합니다. 여러분 안녕히 계십시오.

김 소 화: 감사합니다.

■종교와 인생 – 유교 편 〈2007. 8. 3 금요일 대담〉

아나운서: 삶에서 정말 중요한 것은 우리가 갖고 있는 소유물이 아니라 자신이 누구인가라는 것입니다. 인생의 진정한 가치를 알고 사시는 아주 귀한 분을 모셨습니다. 조국의 독립운동에 헌신하셨던 항일독립전쟁의 영웅 석정 김동식 장군의 손녀이신 김소화 여사가 비로 그런 분이십니다. 막내며느님인 백명회 씨도 자리를 함께하셨습니다. 오늘 다섯 번째 만남인데요.

두 분 안녕하십니까?

김 소 화: 안녕하십니까? 반갑습니다.

아나운서: 아버님이 독립운동을 하러 가셔서 끝내 돌아오지 못한 게 광복이 되기 두 달 전인 1945년 6월 15일이라고 말씀하셨는데요. 아버님이 떠날 때 따님께서 보셨습니까?

김 소 화: 봤지요. 가시면서 하시는 말씀이 집에 가만히 잘 지키고 있으면 데리러 돌아오신다고 하셨어요. 그러니까 저는 아버지가 데리러 올 줄만 알았던 거지요. 그런데 느닷없이 쪽지가 날아온 거예요.

그때만 해도 무슨 서신이 오는 것이 아니고 그냥 돌돌 말아서 오니까 한 양반이 쭉 펴보더니 "석암거사 김봉한 6월 15일(5월 초엿샛날) 술시에 운명"이라는 소식을 받은 거예요. 그 순간 어안이 벙벙하여 아무 생각도 안 나더라고요. 해방 후에 국회의원을 지내셨던 곽상훈 씨가 둘둘 말아서 빨리 불을 지르든지 입으로 삼키라고 했어요. 저는 아버지 심부름 다니면서 숱하게 종이도 먹었어요.

이제 아버지가 돌아가시기 전에 확실히 기억나는 것은 옛날에 부평에 조병창에서 일하던 동지들이 몰래 훔쳐서 뽑아낸 것을 등산 가방에 담아서 저에게 지어서 보내요. 무엇이 들었는지 모르지만 한번은 삼청동에 약수터가 큰 곳이 있어요. 거기 가면 아저씨들이 내가 지고 간 등산 가방을 받아서 그 물건을 꺼내는데 그것을 못 보았어요.

그전에 인천 앞바다에서 섣달그믐날 배가 사고가 나가지고 수백 명이 죽었어요. 행상인 등 한창 바쁘게 오가던 사람들인데 건져가지고 선창가에 죽 뉘여 놨어요. 그런데 아버지가 역마차를 타고 나를 선창가로 데리고 간 거예요.

여기저기 통곡소리가 하늘을 진동하는 상황이었는데 발디딜 틈이 없는 거예요. 한 시체 앞에 가서 서 있더니 날 보고 지키고 기다리라는 거예요. 그리고 가시는데 여기저기 통곡소리 나는 곳을 보고 어린 마음에 무서워서 어쩔 줄 모르고 있었지요. 얼마 만에 아버지가 달구지를 끌고 오셨어요. 달구지에는 관이 실려 있었고 웬 상복을 입은 사람하고 같이 왔어요. 그래서 죽은 사람의 친척인가 보다 하고 있었지요. 밤이 되니까 촛불을 키고 일을 하는데 지푸라기로 만든 거적 밑에 총기와 쇳덩어리 같은 것을 집어넣는 거예요. 그러면서 아버지가 너 이놈아 입 잘못 놀리면 다 죽는다고 못 본 것처럼 하라고 하시는 거예요. 저는 아버지가 죽는다는 말에 겁을 먹었지요. 알고 보니까 송장은 엉뚱한 사람의 것이고 관속 밑에 무기를 집어넣고는 송장을 하나씩 끌고 나오는 거예요. 감시관의 도장을 맡으면 무사통과해서 주안 염전을 지나 고개를 넘어가면 나룻배가 있었는데 최 씨라는 양반이 싣고 개성으로 간다는 소리를 들었어요. 그때 내가 속으로 아버지가 무슨 일을 하는지 예사롭지 않은 느낌을 갖게 되었지요. 결국은 어렵게 독립운동하시다가 돌아가신 거예요.

아나운서: 그렇게 늘 아버지가 독립운동에 여념이 없었을 텐데 이렀을 적에 여사님은 누구랑 사셨습니까?

김 소 화: 그때 또래가 같은 사람끼리 돗자리 장사도 하고 생선장사도 하고 행상으로 변신한 어떤 아저씨가 와서 쪽지를 주면 아버지는 같이 나가시고 심지어는 우리 어머니가 몰랐어요. 제2의 어머니가 있었어요. 그 어머니가 데리고 들어온 아들도 있었어요. 나중에는 병원 기숙사에 있었어요.

아나운서: 그때 여사님도 아버지를 따라서 독립운동을 하신 것 아닙니까?

김 소 화: 그런 셈이지요.

아나운서: 그럼 아버지 심부름 하시랴 공부도 제대로 못하셨겠네요?

김 소 화: 네, 어려서부터 공부도 못해 보고 친구하고도 놀아보지도 못하고 해서 지금 나이 먹고 보니까 한이 되고 원이 되는 것이 한두 가지가 아니에요.

아나운서: 가장 원이 되는 것은 무엇입니까?

김 소 화: 남들처럼 어려서 신나게 놀아보지 못했던 거. 또 하나는 내가 하고 싶은 것을 하지 못하고 참고 견디고 살았다는 거예요.

아나운서: 예. 말도 함부로 못하고 살은 거요?

김 소 화: 네, 내가 뭐라고 하면 저쪽에서 기분 나빠하면 어떡하나. 아버지는 항상 말씀하시기를 네가 잘못하면 내 자식이 아니라고 했어요. 애비 말을 정중하게 들어서 실천을 해라. 그리고 나라가 없어지면 죽는 것만 못하다. 그러니까 웃으면서 죽을 것을 원해라. 죽는 것을 두려워하지 말라고 그러셨어요.

아나운서: 저기요. 1945년 6월 15일 음력으로 5월 초엿새에 돌아가셨다고 쪽지를 받으셨다고 하셨는데 어떻게 해서 돌아가시게 됐는지는 알게 되셨나요?

김 소 화: 장성고개에서 활동하는데 가까이까지 포위된 줄 모르고 있다가 적군에 발각이 됐대요. 안창호 선생님 사모님이 그 사실을 알게 된 것은 그 후에랍니다. 위험하다고 소리치면서 도망치라고 했데요. 그런데 아버지는 무술실력이 세니까 여러 명의 적군과 싸우는데 그만 총대로 뒤통수를 맞고

쓰러지셨대요. 한 독립투사가 숨어 있다가 몰래 아버지를 들쳐 업고 어디론가 갔다는 데 행방을 모르는 거예요. 안창호 선생님 사모님이 나중에 말씀하시기를 내가 어떻게 하든 너의 아버지 묘를 찾아 주겠노라고 하셨는데 결국은 그만 돌아가셨어요.

아나운서: 그럼 지금까지 아버지 묘가 어디 있는지 못 찾으셨겠네요?

김 소 화: 몰라요. 그런데 말들은 어딘가에 잘 모셔져 있을 거라고 해요. 그 당시에는 남북이 없었어요. 담담해서 점 보는 데서 물어보면 강원도 금강산 쪽에 묻혀 있다고도 하는데 누가 알 수 있습니까?

아나운서: 당시에 하루 3끼를 잡수실 만큼은 됐습니까?

김 소 화: 그게 어려웠어요. 지금도 그때 아버지를 생각하면 가슴에 맺혀서 하루에 3끼니를 잘 안 먹어요. 아침을 하고 점심을 잘 먹고 저녁은 대충 넘어가니까 두 끼를 먹어요.

아나운서: 그래도 건강하신가요?

김 소 화: 그런데 그게 조상님들이 봐주시는지 아무 이상이 없어요.

아나운서: 네, 건강하시다고 하시니까 얼마나 다행인지 모르겠습니다.

김 소 화: 지금도 아버지가 좋아하시던 음식을 먹게 되면 목에 걸리는 것 같아요.

아나운서: 네, 오늘도 두 분 말씀을 잘 들었습니다.

믿음으로 사는 삶, 지금까지 항일독립운동의 영웅이셨던 석정 김동식 장군 손녀이신 김소화 여사를 모시고 말씀을 들었습니다. 막내며느리인 백명화 씨도 자리를 함께 하셨습니다. 다섯 번째 만남이었습니다.

말씀 감사합니다. 여러분 안녕히 계십시오.

김 소 화: 감사합니다.

■종교와 인생 – 유교 편 〈2007. 8. 4 토요일 대담〉

아나운서: 앞서 시대를 열어 가신 분을 기억하는 일은 하늘이 내린 특별한 선물이라는 생각이 듭니다. 올해가 바로 독립전쟁의 영웅이신 김동식 장군 창의 100주년이 되는 해입니다. 그래서 이번 주는 김동식 장군의 손녀이신 김소화 여사와 막내며느님이신 백명화 씨를 모시고 말씀을 나누고 있습니다. 오늘은 여섯 번째 만남인데요.

두 분 안녕하십니까?

김 소 화: 안녕하세요. 반갑습니다.

아나운서: 지금까지 방송을 한 항일독립운동의 영웅 김동식 장군에 대하여 이 방송을 듣지 못하신 분을 위하여 참고로 석정 김동식 장군에 대하여 간략하게 소개해 드리겠습니다.

1854년에 경기도 안성에서 출생하셨습니다. 그리고 정미7늑약에서 군대해산 등 일제식민지 정책이 노골화되자 54세의 고령으로 안성에서부터 의병을 일으키기 시작하여 1907년 8월 전라북도 진안 마이산에서 봉기한 이석용 의병대장과 함께 지리산에서 항일 의병활동을 전개하였습니다. 그리고 호남 지역 연합의병지인 호남 의병창의맹소에서 활동하다가 전라북도, 진안, 순창, 장수, 남원, 임실 등지에서 일본군과 교전 전과를 올렸으며 진안읍과 장수군청을 탈환 일제부역자를 처단하기도 하였습니다. 그리고 지난 1910년 12월 27일 함께 의병활동을 했던 호남 지역 의병장의 전사소식을 듣고 분함을 이기지 못해 피를 토하고 순국하셨습니다.

아나운서: 우리 김동식 장군께서는 1962년도에 정부로부터 건국훈장

독립장이 추서되었는데 여사님이 직접 받으셨나요?

김 소 화: 네, 제가 받았습니다.

아나운서: 오래전 이야기지만 그때 마음이 어떠하셨어요?

김 소 화: 그 당시의 기분으로는 통곡을 하고 울다시피 했어요. 지금에 생각하자니 정신이 흐려져서 잘 생각이 안나요. 조상들이 전부 다 생목숨을 잃었기 때문에 뼈저리게 아픈 생각이 항상 앞서지요.

제 자신도 자시다운 행동도 못해 봤기 때문에 우느라고 세상을 제대로 살아보질 못했어요. 그 당시 8·15 광복이 되어서 독립투사들이 파가 갈리고 정치적으로 혼란했어요. 그때 곽상훈 선생님이 위험하다고 당신 집에 감금하다시피 외출을 못하게 하셨어요. 정세가 좋아지면 그때 가서 너의 조상들을 네가 잘 받들도록 해야 되지 않겠느냐고 말씀을 해 주신 것이 아직도 가슴에 저리게 아픕니다. 죽기 전에라도 그 은혜를 갚아야겠다는 마음뿐입니다.

아나운서: 그전에 국회의장을 지내셨지요. 곽상훈 선생이요?

김 소 화: 그때는 국회의원 시절이었습니다.

아나운서: 혹시 할아버지 사진이나 자료를 가지고 계신 것이 있나요?

김 소 화: 할아버지나 아버지는요. 사진으로 여러 사람이 붙잡혀 죽는다고 일체 사진을 찍지도 못하게 하고 가지고 있지 못하게 하셨어요. 어릴 때 사진조차 없어요. 사진에 대하여 일체 금지령을 내린 것이 저의 집안이에요.

아나운서: 그럼 자료가 전혀 없다는 말씀이군요.

김 소 화: 몰라요. 아버지만 항상 제 옆에 계신 것처럼 느끼고 살았으니까요.

아나운서: 오늘이 토요일입니다. 이런 날에는 어떻게 소일하십니까?

김 소 화: 100주년 기념일이 다가오니까 서정기 선생이 시를 좀 지어보라고 하시더라고요. 한이 많이 맺혀서 시를 잘 짖는데 또 하나를 지으라는 거예요. 지금은 나이가 너무 들어서 그런지 생각이 잘 안나요.

아나운서: 아, 그러십니까? 지금도 어렸을 때 고문을 당하셔서 움직이는데 불편하시거나 그러지 않으세요?

김 소 화: 몸살이 나려고 하면 뼈부터 시큰시큰 아파요. 그러면 혼자서 울어요. 그전에 김일환 장군이 계셨어요. 그분이 저를 항상 불쌍하게 생각해 가지고 무엇이든 먹고 싶은 것이 있으면 말하라고 하시면서 수원에 가면 구할 수 있는 당두충이라는 것을 삶아 먹어 보라고 해서 그걸 먹고 손가락이 약간 구부러지는 거예요.

아나운서: 며느님은 시어머님의 이런 고통을 모르셨습니까?

백 명 화: 아니요. 간혹 어머님을 뵈면 고문받았다는 이야기도 하셨는데 날씨가 안 좋고 하면 뼈마디가 아프다고 말씀은 하세요.

아나운서: 그래도 제가 볼 때는 건강이 좋아 보이는데요. 식사는 잘 하시는 편인지 모르겠어요?

김 소 화: 예, 식사는 가리질 않고 잘해요. 왜냐하면 아버지를 따라다닐 때 솔잎을 많이 먹었어요. 찹쌀가루를 솔잎하고 갈아서 많이 먹었어요. 먹을 것이 없어서가 아니라 아버지가 산으로 활동을 하다 보니까 때가 되어도 아래 마을로 내려가지 못하고 산에서 해결하느라 주로 솔잎을 먹었지요. 그것이 지금까지 말년에 건강에 도움이 된 것 같아요.

아나운서: 그밖에 좋아하시거나 즐겨 잡수시는 음식은 없으세요?

김 소 화: 음식이란 다 그렇고 그런데요. 솔잎은 지금도 즐기는 편이

에요.

아나운서: 옆에서 20년간 사시면서 며느님이 보실 때 좋아하시는 음식이 무언지 아세요?

백 명 화: 야채 같은 것 좋아하시고, 잡곡밥을 좋아하세요.

아나운서: 함께 사시진 못해도 자주 찾아뵙는 편인가요?

백 명 화: 네, 조만간 어머님을 모시고 살 계획이에요. 내년이나 후년쯤에요.

아나운서: 아하, 그러시군요. 아이에게 할머님에 대한 이야기를 하십니까?

백 명 화: 그럼요, 딸아이가 궁금해 하니까 어머님에 대한 이야기를 해 주지요.

아나운서: 슬하에 2남 3녀를 두셨다고 하셨는데 손자가 전부 몇 명이나 되나요?

백 명 화: 여덟 명이에요.

아나운서: 손자들 하고 자리를 함께할 때가 있나요? 주로 어느 때에요?

백 명 화: 네, 주로 명절 때와 어머님 생신 때, 아버님 제사 때 다들 모이지요.

아나운서: 함께 있을 때 어머님이 어떤 말씀을 주로 하십니까?

김 소 희: 그걸 제가 말씀드리면 어린이이들이 제 또래가 만나면 지껄이고 장난치고 하는데 한편으로는 좋고 기쁘면서 한쪽으로는 그게 부럽고 어떤 때에는 샘이 나기도 해요. 저도 모르게 나는 저래 보지 못했는데 또 엄마가 아이들 치다꺼리를 하는 것을 보면 나는 엄마가 없이 살았다는 한스러운 생각이 소록소록 나는 거예요.

애미하고 손주가 함께 살아간다는 것이 얼마나 아름답

고 기쁘고 좋은 것인가를 알면서도 나의 어린 시절을 떠올리면 샘이 나는 거예요. 그러면 내가 성질이 못됐구나 하고 자책도 하지요. 저는 아버지한테 교육을 잘 받았다고 생각하고 우리 아버지가 훌륭하신 분이라고 자신해요. 그런데 소월미도에서 다친 몸으로 있을 때 절 보려고 아버지가 오셨는데 제가 돌아앉아서 나는 아버지가 없다고 안 보았어요. 그러자 아버지 말씀이 '서운하게 생각한 것은 당연하지만 이 애비 말을 들어보면 너도 이담에 커서 내 말이 옳다는 것을 알게 될 것이다.'고 하시면서 하신 말씀이 있으셨어요.

내 부하를 하나 살리기 위해서 너 같은 자식 열을 희생해도 좋다는 거예요. 그러니까 사람이 육신이라는 것은 나라를 먼저 생각하고 뒤에 가서 생각하라. 자신의 부하의 일을 우리 열 명이라도 못 따라간다는 거죠.

아나운서: 그런 등등의 일이 할아버지와 아버지로 이어 내려오지 않았습니까?

김 소 화: 그때의 이야기들을 가만히 생각하면 아버지가 할아버지의 정신을 많이 닮아간 거예요.

아나운서: 손주들이 모이면 그때 진외증조할아버지, 진외고조할아버지 이야기를 안 해 주셨어요?

김 소 화: 일체 안 해 주었지요. 왜냐하면 지금처럼 좋은 세상에 젊은 아이들 쭉쭉 뻗어 나가라고 하고 앞일을 위해 열심히 공부하고 남한테 험한 일 하지 말라고 했지요.

아나운서: 독립투사의 후손답게 자긍심을 갖고 살아가라는 말씀도 해 주셔야 되는 것 아닙니까?

김 소 화: 주위에서 말이 그런 곰팡이식의 이야기는 아이들에게 그

만 두시는 것이 좋겠다고 들은 적도 있어서요.

아나운서: 네, 오늘도 두 분 말씀을 잘 들었습니다.

믿음으로 사는 삶, 지금까지 항일독립전쟁의 영웅이셨던 석정 김동식 장군 손녀이신 김소화 여사를 모시고 말씀을 들었습니다. 막내며느리인 백명화 씨도 자리를 함께 하셨습니다.

말씀 감사합니다. 여러분 안녕히 계십시오.

김 소 화: 감사합니다.

■종교와 인생 – 유교 편 〈2007. 8. 5 일요일 대담〉

아나운서: 길은 처음부터 있지 않습니다. 맨 처음 한걸음부터 내딛고 하루하루 계속하면 어떤 길이 새로 생기게 마련입니다. 그 길이 때로는 시련이나 고통의 길이 될 수 있으나 더 나은 삶 더 큰 희망을 위해서라면 새로운 길을 내야 하는데요. 그렇게 우리에게 새 길을 내주시기 위해 사신 분이 있습니다.

바로 항일독립전쟁의 영웅이신 석정 김동식 장군입니다. 그리고 유지를 받들고 살아오신 손녀 김소화 여사를 모셨습니다. 막내며느님인 백명화 씨도 자리를 함께하셨습니다. 오늘 일곱 번째 마지막 만남인 데요.

두 분 안녕하십니까?

김 소 화: 안녕하세요. 반갑습니다.

아나운서: 금년이 석정 김동식 장군이 의병을 일으키신 100주년이 되는 해입니다. 행사를 크게 준비하고 있다고 들었습니다. 어떤 행사입니까?

김 소 화: 동양문화연구소에서 항일독립전쟁의 영웅 석정 김동식 장군 창의 100주년 기념 민족정기 선양시집(詩集)을 발간하는 행사를 석정 김동식장군기념사업회 회장인 김경재 씨와 총무인 김기영 씨가 문중 여러분의 찬조금으로 협찬하고 있어요.

아나운서: 김경재 씨는 누구입니까?

김 소 화: 그전에 새천년민주당 국회의원인데 현재 석정 김동식장군기념사업회 회장으로 선출되어 맡고 있어요.

아나운서: 그리고 서정기 선생님도 함께 동참하고 계신가요? 어떤 일을 하시나요?

김 소 화: 네, 전국 유림에게 시를 모집하고 편집하는 일은 서정기 선생님이 다 하시는 것이지요. 서정기 선생님이 아니었으면 김동식 할아버지의 항일 독립운동 이야기가 빛을 볼 수가 없었을 정도로 책도 써 주시고 힘을 쓰시고 계세요. 오늘 아침에도 전화가 했는데 시를 청탁하는 취지문과 안내책자를 관계요로에 다 통보를 보냈다고 하시데요.

아나운서: 국가보훈처에서 따로 하는 행사는 없나요?

김 소 화: 그런 것은 잘 모르겠어요.

아나운서: 100년이라는 오랜 세월이 지났는데 행사를 앞두고 어떤 생각이 나십니까?

김 소 화: 할아버지 이후로 3대가 지나도 안식처 하나 제대로 마련하지 못하고 혈육이라고 하나 있는 것이 살아 있다는 근거지를 마련하지 못한 것이 한이 되고 100년이 되도록 내가 뭘 했나 하는 기분에 서글프기만 하지요.

아나운서: 얼마 있지 않으면 8·15가 다가오는데요. 3·1절이나 8·15가 되면 다른 분보다 남다른 느낌이 있으실 것 같은데요?

김 소 화: 기념식에 참석했다가 식이 끝나면 저는 국립묘지로 가요. 괜히 할아버지 묘 앞에 앉아서 신세타령을 하고 속을 풀고 그래요. 이번 6월 현충일에도 제가 탕이니 전부 제수를 준비해 가지고 제상을 차려 놓고 생전에 못 드신 것 많이 드시라고 하고 한을 풀었지요.

아나운서: 슬하에 2남 3녀를 두셨다고 지난날에 말씀하셨는데. 20대 초에 결혼하셨다고 하시고 병원에서 처음 만났다고 하셨는데 남편이 어떤 분이신가요?

김 소 화: 세브란스 병원에 김중열 박사님이 계셨어요. 그분이 경주 김씨여서 종친이었어요. 너무 아까우니 내가 중신하는 데로 선을 보라 해서 어머니하고 말이 돼가지고 혼인을 하게 된 거예요.

아나운서: 그때 신랑의 얼굴을 보셨나요?

김 소 화: 못 보았지요. 나중에 알았지만 미남이었어요. 인물이 아주 잘났지요.

아나운서: 그 당시에 신랑 집에서는 여사님이 독립투사의 딸이라는 것을 알고 있었나요?

김 소 화: 어렴풋이 알았다고 해요. 주인 양반은 그 소리를 시아버지한테 들었다는 거예요. 알고 보니까 그 시할아버지도 그 당시 독립운동에 가담하셨던 길로 이야기가 났었어요. 그러면서 저를 참 불쌍하게 어려운 고비를 넘기고 살아온 규수라고 해서 소개했다는 거예요.

아나운서: 혼인식을 올릴 때는 아버님이 돌아가셔서 안 계실 때죠?

김 소 화: 그럼요. 친정에서 어머니하고 데리고 들어온 오빠가 저를 잘 보고 전통혼례와 신식혼인을 어떻게 해서라도 워 없이 잘 해 준다고 해서 잘 했어요.

아나운서: 혼인식 날 돌아가신 아버님, 어머님 생각이 많이 나셨겠네요?

김 소 화: 말도 못하게 울어가지고 구박을 많이 받았지요.

아나운서: 아, 네. 그렇게 해서 단란하게 잘 재미있게 사셨습니까?

김 소 화: 우리 아버지는 신랑이 잘났든 못났든 하늘같이 섬기라고 하셨고, 평생을 살면서 죽는 날까지 돈에 너무 의지하지 마라, 그러면 눈도 멀고 귀도 멀게 되어 인간의 근본도리를 잃게 된다. 버는 것보다 쓰는 것이 어려우니 항상 빛나게 돈을 쓰도록 노력하라. 이 말씀이 항상 귀에 젖어 가지고 사니까 신랑이 돈을 벌어서 저를 갖다 준 적이 없었어요. 시부모님이 계시니까 살림을 시어머님이 하시고 저하고 살았어요.

아나운서: 왜, 그러셨지요?

김 소 화: 별로 말 안 하고 고분고분하니까 좋으셨던 같아요.

아나운서: 그때 신랑은 직업이 무엇이셨지요?

김 소 화: 의사였지요. 그래서 때로는 집에 못 들어오는 날이 많았지요. 그래도 불평 한마디 하지 않고 나이는 젊어도 일을 야무지게 하니까 간섭 안 해도 살림 잘한다고 해서 아무하고도 안 산다고 해서 제가 모시고 살았어요.

아나운서: 효부셨나 보죠?

김 소 화: 시부모가 계셨고 시누이가 둘 있었고 아버지 유산이 좀 몇 천 남은 것 가지고 시누들을 공부를 시켰지요.

아나운서: 네, 그러셨군요. 독립운동을 하신 아버님 때문에 가정에서 오붓하게 생활도 못하시다가 혼인해서 단란한 가정을 이루셨는데 그때는 마음이 어떠하셨어요?

김 소 화: 시부모님이 돌아가시고 난 뒤에 나도 내 친정의 조상도

찾아야겠다고 마음먹는 도중인데 이원형 선생님을 만나는 바람에 일이 빨라지게 되었지요. 처음에는 잘 만나주지 않았는데 도록책이며 불망록이며 지도책을 가지고 말씀드리니까 깜짝 놀라시는 거예요. 네가 도록책을 어떻게 보관했냐 하며 물어요. 도록책은 당시에 부하들의 신상을 기록한 책이고, 우리 할아버지가 지은 책이라고 알고 있다. 그리고 지도책은 뭔지 몰라도 전투 시에 부대 배치 기록을 그려 놓은 것 같아요. 불망록은 이석용 선생님이 지은 책이라고 하셨어요. 전투 시에 부상자를 위해서 광목이나 돈이나 쌀을 보태 준 사람의 명단이 있어요. 우리가 싸우는 것이 국민을 위한 것이지 국민을 괴롭히는 것이 아님을 할아버님이 말씀한 것을 이석용 선생님이 그것이 다 빚이고 후손 대에 다 갚아야 하니까 그것을 적어놓은 거예요. 그 말씀을 다 드린 거예요. 어떤 경우라도 도록책만은 잃어버리지 말고 딱 보관하고 있으라는 아버지 말씀을 해드렸더니 그때서야 저를 붙잡고 울더라고요.

아나운서: 슬하에 2남 3녀를 두셨잖아요? 자녀를 키우실 때에 어느 점을 강조하셨어요?

김 소 화: 그러니까 제가 친정의 조상을 찾아 돌아다녔으니 가정풍파가 많았지요. 그러면서도 때가 되면 자식에게 경험담으로 항상 누구와도 싸우지 말고, 지는 자가 이기는 자다. 누가 뭐라고 해도 내가 안 했다고 표현하지 마라 그것이 싸움이 된다. 그리고 네가 싸우려면 상대 쪽에서 말을 알아들으면 승부가 나지만 언성이 오가며 서로 잘났다고 주장하게 되면 저리 치워라. 그러니까 항상 누구하고도 싸우지 말고 싫은 소리를 하지 마라. 이러니까 자식들은 엄마 때문에

자식들을 전부 바보로 만들었다고 하는 거예요.

아나운서: 자녀들이 잘 커 주었나요? 지금은 뭐하고 있나요?

김 소 화: 네, 착하게 살고 있고 각자 자기 일에 성실히 하지만 무엇을 하고 사는지는 자세히 알려 주지 않아서 몰라요. 내가 신경 쓰지 않도록 하는 것이죠.

아나운서: 며느님한테 물어볼까요? 집안이 참 대단하지 않습니까? 이럴 때 집안 자랑 좀 해 보시죠?

백 명 화: 네, 저의 시어머님이 독립투사 집안에서 자라서 그런지 성격이 남성적인 면이 있으세요. 저도 막내로 결혼했는데 어머님은 잔정은 없으신 편이지만 굵직굵직한 정으로 저를 사랑해 주셨고, 저의 손위 형님들 시누이 세 분이 계시고 아주버니도 계신데 진짜 친언니나 형제 이상으로 좋으세요. 참 잘해 주셔서 밖에 나가거나 친구를 만나더라도 자랑스럽고 혼인을 잘했다고 생각해요.

아나운서: 네, 그러시군요. 여사님 앞으로 꼭 하시고 싶은 일이 있다면 어떤 일이 있습니까?

김 소 화: 될 수 있는 대로 내가 죽을 때까지 3대가 살아 있었다는 안식처를 마련하고 싶고, 내가 살아남아 있었다는 역사를 기록해서 남기고 싶은 게 소원이고요. 또 한 가지는 자식들이 곱게 자라가지고 이 며늘아기 신랑은 텔레비전에도 많이 나왔어요. 어릴 적에 홍수가 나면 꼬마 대장 노릇해서 구호품을 거두어서 방송국에 가져가서 텔레비전에 나오고 태권도를 잘해서 나오고 뉴스에도 많이 나왔어요.

아나운서: 아 그러셨어요. 자 며느님의 앞으로의 소망이나 바람이 있다면 무엇이 있으세요?

백 명 화: 어머님이 방금 말씀하셨다시피 3대의 기록을 남기고 싶다

고 하셨으니까 소원 들어 드리고요. 건강하시고 저의 집안 모두 잘되게 했으면 그게 소망입니다.

아나운서: 앞으로 시어머님 자주 모시고 더욱 효도하시는 며느리가 되실 것이라고 믿습니다.

소망 이루시고 건강히 오래오래 행복하게 사시기를 바랍니다.

귀한 말씀을 잘 들었습니다.

김 소 화: 이렇게 좋은 기회를 주셔서 너무너무 감사합니다.

아나운서: 믿음으로 사는 삶, 지금까지 항일독립전쟁의 영웅이셨던 석정 김동식 장군 손녀이신 김소화 여사를 모시고 말씀을 들었습니다. 막내며느리인 백명화 씨도 자리를 함께하셨습니다. 일곱 번째 끝 시간이었습니다.

해외 동포 여러분 안녕히 계십시오. 감사합니다.

석정 김동식 장군의 생애와 사상

서정기

1. 충효절의(忠孝節義)의 가계(家系)

서기 1907년 8월 28일부터 지리산을 중심으로 혁혁하게 항일 독립전쟁을 전개하여 승리로 이끌고 1910년 12월 27일 장렬하게 순절한 민족영웅 김동식 장군은 조선왕조 철종 5년(1854년) 1월 14일 경기도 안성군 읍내면 석정리에서 태어났다. 본관은 경주이고 호는 석정(石井)이며 자는 천식(千植)이요 이명은 수신(修臣)이고, 고려 말 충신 상촌 김자수공의 18대손이다.

김동식 장군은 어려서부터 기골이 장대하고 성품이 순결하여 사랑을 받았으며 상촌공(桑村公)이 일으킨 충효절의(忠孝節義)의 가풍 속에 학문을 함에 정주학(程朱學)을 위주로 하고 송자(宋子)의 춘추정신(春秋精神)을 흠모하여 일찍이 과거공부를 포기하고 도학(道學)에 정진하기로 뜻을 세우니 주변사람들이 크게 기대하였다. 약관에 관례를 행하고 결혼을 하여 21세(1874년)에 아들 봉환(鳳煥)을 낳았다.

25세(1878년)되던 해 7월 21일 아버지의 상을 다함에 그 슬픔과 예절을 다하여 출입을 삼가면서 3년의 복을 입었는데 아버지의 복을 벗기도 전에 어머니 김해 김씨가 또 작고하였다. 그리하여 전후 4년간 오로지 예법책만 읽으면서 근신하며 굴건제복(屈巾祭服)을 벗지 않고 안방에 들어가지 않으며 죄인으로 자처하여 하늘을 보지 않으니, 고을 사람들이 효자라고 칭찬하며 산림학자로 존경하였다. 항상 사서삼경과 소학, 주자가례 그리고 율곡 선생의 격몽요결을 돌아가며 읽으니, 원근에서 배우려는 이가 찾아와 서당에 제자가 가득하였다.

시대가 크게 변하여 양이(洋夷)가 침범하고 일제가 날뛰는 어지러운 시국이 되었으나 김동식 장군은 조금도 흔들림이 없이 공자의 가르침만이 인간이 가야 할 바른 길임을 설파하면서 끝까지 단발령을 거부하고 외래상품을 배척하며 동방예의지국의 전통문화를 고수하였다.

장군이 43세 되던 해, 조정에서 임금을 황제라 칭하며 국호를 대한제국으로 고치고, 광무(光武) 원년(1897년)이라는 연호를 세우면서 영은문(迎恩門)을 헐고 청나라 연호를 폐지하며, 삼전도에 있던 병자호란의 치욕적인 항복비를 철거하여 청나라의 종속에서 벗어났다. 이에 장군은 불의와 불법은 반드시 패망하고 역사는 정의의 편이라고 하면서 크게 기뻐하였다.

2. 반제반침략의 독립사상

병인양요(1866년)에 양헌수 장군이 강화도 정족산성에서 프랑스의 극동함대를 격파하고 이어 신미양요(1871년)에 어재연 장군 등이 강화도 광성부에서 미국의 태평양함대와 사투를 전개하여 미국 함대를 구축한 영광시대에 소년기를 보낸 김동식 장군은 어려서부터 민족자주독립 의식이 대단히 강하였다.

특히 효종대왕과 송시열 선생이 은밀하게 계획한 북벌사업의 일환으로 숙종이 축조했던 북한산성, 남한산성, 수원성 그리고 강화도의 정족산성과 광성보, 초지진, 덕진진 등의 요새가 국가를 수호하는 보루임을 인식하고 문무의 겸비를 주장하였다.

갑오년(1894년)에 동학농민전쟁이 일어나서 척양(斥洋) 척왜(斥倭)를 주장하고 6월에 이 땅에서 청일전쟁이 일어나며 다음 해 을미년에는 8도 의병대장 유인석(柳麟錫) 장군이 의병을 일으켜 국모를 시해한 원수를 토벌하는 국내외의 불안한 정세하에서, 예절과 음악에만 전념하는 것은 나라를 지키는 대비책이 아니므로 스스로 병법을 익히고 지리를 연구하였는데, 특히 「육도삼략(六韜三略)」과 「손오병법(孫吳兵法)」, 「소서(素書)」, 「심서(心書)」, 「삼국지연의」 등을 정밀하게 연구하였다.

그리고 중봉(重峰) 조헌(趙憲) 선생이 왜란(倭亂)에 대비하여 매월 제자와 가솔들에게 피난행군을 실시했던 것을 본받아 가족을 이끌고 피난하는 행군을 연습하고, 제자를 이끌고 깊은 칠장산(七長山) 속에 들어가 생식하는 법을 가르쳤다.

갑진년(1904년)에 러일전쟁이 일어나고 다음 해에 을사늑약이 체결되어 병오년(1906년) 3월에 민종식(閔宗植) 의병대장이 홍주에서 거병하고 4월에 면암(勉菴) 최익현(崔益鉉) 의병대장이 호남에서 의병을 일으키므로 가세하려고 하였으나, 곧 자파하였기에 이에 미치지는 못하였다.

나라의 독립이 자주국가로 발전하지 못하고 일제의 통감정치로 전락하니, 이는 문화적 역량이 부족해서가 아니라 국방력이 허약해서 주권을 지키지 못한 데 그 이유가 있었다. 때문에 이러한 난세에는 모든 지식인이 떨치고 일어나서 국토수호의 사명을 완수해야 된다고 생각한 김동식 장군은, 출신신분이나 문벌을 가리지 않고 뜻이 있는 지사와 국가의 장래를 밤낮으로 걱정하였다.

그리하여 군자금을 마련하기 위해 전답을 팔고 집을 줄여서 자금을 만들어 약간의 총검을 구입하여 비밀리에 제자들에게 총기의 사용법을 익히고 무예를 단련시켰다.

특히 김동식 장군은 제자들에게 태껸 등의 호신술을 정밀하게 가르쳤으니, 정의는 불의에게 져서는 안 되는 것이므로 끝까지 살아서 최후의 승리를 쟁취하려면 반드시 남보다 100배의 공부를 하여야 된다고 역설하였다.

그리고 문(文)은 정도를 밝히는 것이요 무(武)는 기도(奇道)를 쓰는 것이니 군사비밀은 쥐도 새도 모르게 하고 윤리와 도덕은 천하가 알도록 자세히 설파하여야 된다고 누누이 강조하면서 이 시대에 나라의 독립을 쟁취하기 위해서는 결국 무장투쟁이 마지막 수단임을 고금의 역사로 변증하면서 54세의 김동식 장군은 붓을 들어 상촌공(桑村公)의 절명사(絶命詞)를 크게 써서 결심을 보였으니 그 내용은 다음과 같다.

> 平生忠孝意 今日有誰知 一死吾休恨 九原應有知
> "한평생 충성하고 효도한 뜻을 오늘날 누가 있어 알리오
> 한번 죽어 나의 한을 끝내나니 황천에 응당 아는 사람 있으리라"

을사5륵약(乙巳五勒約)으로 이등박문이 자칭 통감이 되어 역적 이완용을 총리대신으로 만들어 헤이그 밀사 사건이 일어나자 6월에 정미7륵약(丁未七勒約)을 조작하여 군대를 해산하고 즉각 고종황제를 퇴위시켜 순종을 세워서 연호까지 융희(隆熙)로 바꾸니 이에 나라가 완전히 망했고 정부가 매국노 역적임을 선언하며 광무 11년(1907년) 8월 28일 안성에서 열린 민군회의(民軍會議)에 참석하여 민군의 조직과 진로에 대하여 토의하였다.

그날 모인 의병장은 안성군의 김동식(金東植), 죽산군(竹山郡)의 성수원(鄭周源) 그리고 양성군(陽城郡), 평택군(平澤郡), 용인군(龍仁郡), 이천군(利川郡), 진위군(振威郡) 등의 의병장 7명이었다. 이들을

따라온 1만여 명의 의병을 안성으로 집결해 놓고 안성군의 관아(官衙)를 접수하고 하루 종일 토의를 하였다.

이 회의에서 현 자칭 통감이 조종하는 정권은 우리 민족을 위하는 정권이 아니고 일본의 괴뢰정부이므로 일체의 납세를 거부하고, 미곡의 반출을 금지시켜 국외반출을 막으며, 우리 의병은 인민을 보호하는 민군이므로 인민을 앞장서서 안전하게 보호하고, 민군의 군량과 군수품은 지역의 관장(官長)에게 명하여 관용(官用)으로 조달하되 군표(軍票)를 발행하여 공명정대하게 처리하며, 항상 민중들의 굳은 지지기반 위에서 활동하면서 일본군을 토벌하고 일본인을 축출하며, 민족을 배반하는 친일역적을 엄중히 징계한다는 기본목적에는 전원일치로 합의점에 도달했다. 그러나 일본군을 토벌하는 방법에는 다양한 의견이 속출하여 합의를 보지 못했다.

대체로 통일적 민군조직을 편성하여 서울로 진격해서 왜적의 심장부를 일거에 도륙하고 친일정권을 타도한 다음 새로운 독립정부를 세워야 한다는 사람들은 속전속결을 주장하였다. 또 다른 사람들은 열악한 민군의 무기로 대군의 결전을 하는 것은 위험하기 때문에 전국의 각 지방이 총궐기하여 왜적을 토벌함으로써 일본군이 결국 스스로 물러가도록 압박을 가하는 지구전이 유리하다고 주장하여 밤새도록 토의를 계속하였다.

그러던 중 29일 새벽에, 기관총으로 무장한 일본군이 기습적으로 습격해 들어왔다. 민군은 대항하면서 사방으로 흩어지며 싸우다가 칠현산(七賢山: 寶蓋山)으로 후퇴한, 김동식 장군은 아들 김봉환(金鳳煥)과 여러 제자를 주축으로 300여 명의 의병을 이끌고 진천을 거쳐 증평을 지나 괴산군 화양동으로 들어갔다. 그리고 충효절의(忠孝節義)의 애각(崖刻) 앞에서 모든 대원을 정렬시킨 김동식 장군은 유교(儒教)의 도통(道統)이 우리나라로 건너와서 동방예의지국(東方禮

義之國)을 건설한 역사적 사실을 설파한 뒤 공자가 「춘추」에서 밝힌 존왕천패(尊王賤霸), 내하외이(內夏外夷), 상선벌악(賞善罰惡)의 대의와 주자(朱子)가 「자치통감강목(資治通鑑綱目)」에서 밝힌 국가의 정통성 수호정신과 불타협적 복수론(復讐論) 그리고 송자(宋子)가 의리학(義理學)에서 밝힌 도통(道統) 수호의 시대적 사명론을 높이 받들 것을 다시 결의하고 소를 잡아서 천지신명께 제사를 지내고 다음과 같은 군사강령을 맹세하였다.

1. 우리는 일본군을 토벌하여, 무력과 술수로 침략해서 우리나라를 멸하며 우리 인민을 말살하는 일본의 죄악을 성토하고 국권(國權)을 되찾아 독립 국가를 수립한다.

2. 우리는 반민족적 매국노를 처단하고 위민봉공(爲民奉公)의 민권정부를 세운다.

3. 우리는 국민을 보호하고 예의도덕을 숭상하여 끝까지 군율(軍律)을 엄수한다.

3. 지리산 민군(智異山民軍)의 영웅적 승리 (英雄的勝利)

하양동 계곡에서 확고하게 정신을 무장한 김동신 장군의 민군은 질서정연하게 대오를 편성하고 보은, 영동을 거쳐 무주에 도착하여 덕유산으로 들어가 잠시 험준한 산악지대의 지형을 이용하여 용병(用兵)의 근거지를 살피고 부대를 훈련하였다. 그리고 곧 장수를 거쳐 남원 운봉으로 들어가서 지리산에 요새를 만들어 놓고, 영호남의 유림과 접촉하며 연합전선 구축에 전념하였다.

이때에 고광순(高光洵) 의병장이 동복군(同福郡)의 왜적을 소탕한 용맹스러운 300명의 의병부대를 거느리고 있었으므로, 김동식 장군은 고광순 의병장과 연합전선을 구축하여 합동작전을 전개하면서 곡성(谷城), 담양(潭陽), 창평(昌平), 옥과(玉果)로 진출해서 왜적을 요격하고, 9월 10일에는 순창(淳昌)의 왜적을 토벌하여 순창우체국을 접수해서 군자금을 확보했다. 그리고 9월 15일에는 다시 동복(同福)으로 돌아와서 동복순사주재소를 토벌하고 19일에는 구례(求禮)와 영광(靈光)의 일본헌병분견소를 토벌하여 일본인을 소탕하고 무기를 확보하였다. 이어 경상남도로 진출하여 안의(安義)를 거쳐 함양(咸陽)에 주재한 일본군을 토벌해서 대승을 거두고 산청(山靑)으로 내려가서 왜적을 소탕하였다.

다시 안의로 회군한 민군은 거창(居昌)으로 진출하다가 거창 서북방 월성(月城)에서 진주파견대를 주축으로 한 일본군과 교전하여 큰 타격을 가한 다음 지리산(智異山) 칠불사(七佛寺)로 들어가 노고단으로 올라갔다. 다시 10월 4일에 하동(河東) 경무서를 토벌하여 왜적을 소탕하니, 지리산을 중심으로 영호남지역에 산재하여 살던 일본인이 모두 일본군의 보호구역 내로 도주하였다.

김동식 장군은 전북지역 유림과 주민의 지지를 배경으로 의병을 일으킨 이석용(李錫庸) 의병장과 연합작전을 전개할 것을 결의하였다. 같은 달 13일, 이석용 의병장은 300명의 의병을 거느리고 진안(鎭安)으로 진격, 일본군을 무찌르고 총포와 군복 및 돈과 비단 등 20여 점을 노획하는 전과를 올렸으며 10월 22일에는 심원암(深院庵) 부근에서 김동식 부대와 이석용 부대가 일본군과 회전하여 왜적에게 큰 타격을 입혔는데, 이때는 이석용 부대의 피해도 적지 않았다. 이후 두 부대는 순창, 임실, 진안, 용담(龍潭) 등지를 순회하며 일본군경과 공방전을 전개하고 일진회원을 처단하였다.

김동식 장군은 처음부터 전투부대를 편성하여 선두에서 직접 지휘하며 여러 지역의 의병과 연합 연대하여 적극적으로 공세를 펴서 일본군을 토벌하여 지리산에 거점을 확보하고 해방지역을 관할하였는데 당시 일본군(日本軍)의 기록을 보면 장군의 당시 활약상을 짐작할 수 있다.

"1907년 9월 상순 광주(光州) 부근에서 곡성(谷城), 담양(潭陽), 창평(昌平), 옥과(玉果)에 걸쳐 민심이 험악해지기 시작했다. 10월에 이르자 드디어 한 부대의 의병은 순창우체국을 습격 약탈하고 15일에는 약 200명의 의병이 동복(同福)순사주재소를 습격하였으며 19일에는 구례(求禮), 영광(靈光)의 헌병분견소가 습격당했는데 이 폭도의 수괴(首魁)는 김동식(金東植), 고광순(高光洵) 등으로 전라남북도에 있어서 의병의 선구자(先驅者)였다."(朝鮮駐屯軍司令部 편 '朝鮮暴徒討伐誌' 제4편 제2장 4. 전라남북도 및 그 부근에 있어서의 토벌: '독립운동사자료집'3)

"9월 전라도에서 봉기하였던 김동식(金東植), 고광순(高光洵)의 부대는 1907년 10월 경상남도로 진출하여 거창(居昌), 안의(安義) 부근에서 기세를 올리고 있었다. 진주(晋州) 경무 고문의 격파가 여의치 않아 진해만(鎭海灣) 중포병대대(重砲兵大隊)를 산청(山淸), 안의(安義)방면으로 파견하고 남원(南原)수비대를 안의(安義)방면으로 급행시켜 그와 책응케 했다"(上同書 제4편 제3장 3. 경상남도 및 그 부근에서의 토벌)

"진안(鎭安) 부근에 의병 약 300명이 집결해 있다는 보고에 접한 전주(全州) 수비대는 20일 특무조장 이하 30명을 파견하여 해당 지역을 조사하였으나 발견하지 못하고 다시 용담(龍潭), 삼가(三街), 고산(高山)부근을 수색하다가 22일 심원암(深院庵)부근에 의병집합의 보고를 받고 동지로 향하여 전진 중 의병 약 100명과 만나 이를 공격 그 15명을 사살하고 남방으로 궤주시켰다. 이 폭도의 수괴(首魁)는 김동식(金東植) 이석용(李錫庸)인데 그 출몰은현(出沒隱現)이 대단히 교묘하였으니 그들이 어느 지역을 토벌하려고 할 때에는 미리 그 시일을 약속하고 일제히 집결하여 토벌하고 군사작전이 끝나면 다시 집합할 장소와 시일을 정한 다음 몇 사람씩 분산하여 양민(良民)으로 가장하였기 때문에 일본군의 예봉(銳鋒)을 벗어나는 것을 상례로 하고 있었다."(上同書 제4편 제3장 4. 전라북도 및 그 부근에 있어서의 토벌)

"작년 10월 경상남도 지리산 부근을 근거로 한 수괴(首魁) 김동식(金東植), 고광순(高光洵)이 인솔하는 의병은 진주(晋州)파견대에 의하여 그 소굴을 전복당하고 고광순 이하 약간을 잃어 일시 그 지방은 정온상태로 돌아갔다. 그러나 금년에 들어서자 김동식(金東植) 의병대장은 의연 지리산 부근에 잠복하여 교묘하게 그 종적을 감추면서 은근히 그 세력부식에 노력하고 있었고 또 의병대장 기삼연(奇三衍)은 전라남도 함평(咸平), 담양(潭陽) 부근에서 활동을 개시 그 세력이 만만치 않았다.(上同書 제5편 제2장 6. 경상남도 및 전라남도에 있어서의 토벌)

1908년 봄에 이르러 호영양남민군(湖嶺兩南民軍)의 선구자 김동식(金東植) 장군은 호남창의회맹소 도통령 김용구(金容球) 그리고 전북의병대장 이석용(李錫庸) 및 호남지역의병장 김태원(金泰元), 심남일(沈南一), 전해산(全海山), 강무경(姜武京), 안진사(安進士), 이학사(李學士) 등의 용감무쌍한 부대와 연합하여 지리산에 병영을 세우고 장벽을 설치하여 방책(防柵)을 만들며 지리산 뱀사골 달궁에 병

기창을 세워 화승총을 뇌관식으로 개조해서 총과 탄약 그리고 양곡을 비축하여 영구지책(永久之策)을 강구함으로써 그 전력을 극대화하여 이 지역에서 대대적인 일본군토벌작전을 전개하여 일본인을 모두 구축하는 전과를 올렸으니 이것은 호영양남의 산림학자양반과 전체 민중의 전폭적인 지원을 받으며 이룩한 영웅적 승리로써 김동식 장군의 덕의와 지략과 신망으로 이룩한 결정체임과 동시에 우리 2천만 동포가 스스로의 힘으로 자주독립을 쟁취하여 자유・평등・해방을 성취하는 역사의 기념탑이었다. 이에 일본군은 보복 살육전을 개시하면서 다음과 같이 기술하였다.

"그들의 행동은 극히 교묘하여 백주에 양민(良民)을 가장하고 공공연히 군청소개지를 배회하면서 관서의 동정을 정찰하고 만약 호기(好機)를 잡으면 곧 자객적(刺客的) 행동을 감행하여 총기, 탄약, 재화를 약탈하고 혹은 허(虛)를 틈타 저격, 내습을 하는 등 그 은현출몰(隱現出沒)은 미리 헤아릴 수가 없었다.

또 순사주재소는 거의 전부가 습격을 당하였고 양민(良民)을 위협하여 조세(租稅)를 횡령하고 재류 일본인 및 그 사역(使役)하에 있는 조선인은 대개 폭도의 독수(毒手)에 목숨을 잃어 다년간의 사업경영을 포기하고 그 근거지로 퇴각하여야 하게끔 되었으므로 농업이 번성하였던 전라 양도는 이제 바야흐로 황무지화되었다.

그뿐 아니라 대대로 내려오던 그 고장의 본토인 양민(良民)도 의병의 위압에 눌려 그들에게 가담하여 교통의 방해가 빈번하였으므로 첩보의 소통이 방해되어 군대의 행동도 극히 곤란을 느껴 일야(日夜)로 그들을 소탕하는 데 노력을 하였으나 그 효과는 현저하지 못했으니 이 역시 만부득한 일이었다. 그리고 의병은 2월 이후 화승총(火繩銃)의 개조에 고심하여 4월 초순경에는 거의 대부분 뇌관식(雷管式)

으로 개조하였다(上同書 제5편 제3장 전라남북 양도에서의 토벌)

당시 일본군의 막강한 정예부대가 우리나라에 들어와 대항하였으니 침략군 사령관인 일본육군대장 장곡천호도(長谷川好道)는 일본군 6사단, 13사단, 보병 제3여단과 일본헌병 5,000명, 경찰 5,000명을 합세하고도 연전연패하였다. 일본정부는 실패에 대한 책임을 물어 자칭통감(自稱統監) 이등박문을 면직하고 부통감 증미황조(曾彌荒助)로 대체하여 추가병력을 지원해, 서기 1909년 8월부터 소위 남한 대토벌작전이라는 극악무도한 보복살육전을 획책하였다.

이에 지리산을 거점으로 호영양남민군(湖嶺兩南民軍)을 총지휘한 김동식(金東植) 장군은 역전의 용사를 독려하여 만난을 무릅쓰고 독립전선을 사수하였는데 9월 내내 밤낮을 가리지 않고 연일 일본군과 혈투를 전개하여 일본군의 작전을 저지하면서 심대한 타격을 주었다. 그러나 또한 호남민군(湖南民軍)의 피해도 적지 않아 60여 명에 이르는 용감무쌍한 우리 의병장이 5,000여 명의 의병과 함께 장열하게 전사하거나 포로가 되었으니 서기 1909년 9월 26일 무안군 발다면(發多面) 전투에서 김동식(金東植) 장군의 외아들인 김봉환(金鳳煥) 의병장도 포로가 되었다.

호남의 독립전쟁은 일찍이 전쟁사에 유례를 찾을 수 없는 치열한 혈전이었으니 일본군이 지나간 곳은 마치 태풍이 휩쓸듯이 폐허의 잔해만 남았으나 호남민군(湖南民軍)은 그칠 줄 모르는 활화산(活火山)처럼 다시 불기둥을 뿜으며 솟구쳐서 탁월한 전략전술로 침략군을 요격하며 격멸하니 그 사상자의 수를 헤아릴 수 없었다.

전라남북도에 2개월간 불꽃 튀는 독립전쟁으로 초연이 가득한 속에 10월 26일 이범윤(李範允) 장군이 간도(間島)에서 일으킨 대한독립군의 좌익장(左翼將) 안중근(安重根) 중장(中將)이 하얼빈에서 아시아의 평화를 파괴한 대죄인(大罪人) 이등박문(伊藤博文)을 총살했다는 희소식으로 사기충천한 호남민군(湖南民軍)은 더욱 장렬하게 일본군을 토벌했고 일본군도 병력을 증파하여 각 지역의 경비를 더욱 삼엄하게 하였다.

10월의 호남전쟁에서도 연일 연전하여 많은 전공을 세웠으나 불행하게도 그동안 일본군 500여 명을 사살하여 혁혁한 공을 세웠던 심남일(沈南一) 장군과 그 전군장(前軍將) 강무경(姜武景) 의병장이 1천여 명의 의병과 함께 일본군에게 포위당하여 10월 9일 능주(綾州)전쟁에서 포로가 되었고, 또 29일에는 나주(羅州)전쟁에서는 호남 의병장으로 용맹을 날리며 500여 명의 일본군을 도륙했던 전해산(全海山) 장군이 부하 모천년(牟千年)의병장, 이강년(李康年)의병장과 1000여 명의 의병과 함께 포위되어 포로가 되었다. 그리고 강진(康津)전투에서 의병 3,000명이 전사하고 또 각 지역의 전투에서 의병장 60여 명과 2,000명의 의병이 전사하거나 포로가 되었다.

이리하여 9~10월 두 달 사이에 대한독립만세를 외치고 장렬하게 전사하거나 포로가 된 호남민군의 수가 1만을 헤아렸으니 호남의 인구도 반으로 줄었으며 풀과 나무도 모두 시들어 버린 쓸쓸한 가을 벌판에 호남민군의 전력 역시 반으로 줄었다.

4. 장렬(壯烈)한 순절(殉節)

그러나 김동식(金東植) 장군은 호남 창의대장 문태수 장군과 전북 의병대장 이석용 장군과 연합하여 지리산의 본영을 굳게 지키고 재기를 도모하여 흩어진 부대의 재편성에 노력하였다.

일본군은 더욱 잔인무도한 살육전을 전개하여 일본군 피살자의 수에 상응하는 전과를 올리기 위해 엉뚱하게도 의병이 활동한 지역의 무고한 양민(良民)을 닥치는 대로 무수하게 살해하고 방화하면서 보복살육을 일삼았다. 이 때문에 13도 민군은 주민의 피해를 고려하여 촌락이 전혀 없는 광야나 산속에서만 일본군을 토벌하여야 되는 어려운 상황에 봉착하였다.

더욱이 1910년 4월부터는 항일독립전쟁의 주도세력인 유림(儒林) 세력을 말살하기 위한 술책으로 일본군경은 전국에 걸쳐 산림학자양반(山林學者兩班) 10만 명과 유생(儒生) 110만 명의 명단을 작성하여 특별감시하면서 수시로 수색하고 탄압하여 범죄인처럼 취급하며 일반인으로부터 고립시키고 집단행동을 하지 못하게 만드니 의병의 세력이 극도로 제한을 받게 되었음에도 13도 민군은 시종여일 용감무쌍하게 타격전을 전개하므로 일본은 대군(大軍)을 파병했어도 혼전만 거듭하는 전황을 크게 고민하다가 통감 증미황조(曾彌荒助)의 무능으로 결론을 내리고 즉각 해임한 다음 일본 육군대신 사내정의(寺內正毅)를 통감으로 임명하고 부통감은 산현이삼랑(山縣伊三郎)으로 경질하며 일본군 2사단을 추가로 증파하였다.

장장 3년 동안 불철주야 산과 들을 누비며 일본의 학대에 시달리는 우리 민중의 고통을 목격하고 또 찬란한 우리 문화가 여지없이 붕괴되는 참상을 목도하면서 오로지 독립전쟁의 승리만이 민족의 새로운 운명을 개척하여 영광스러운 역사를 재창조하는 길임을 확신하였기 때문에 항상 민군의 사기는 충천하였다. 옳지 못한 길은 천금이 생겨도 가서는 안 되고 옳은 길이면 생명을 돌아보지 않고 가야만 된다는 정의로운 진리로 몸과 마음을 갈고 닦은 13도 민군의 장병은 이미 정의의 화신이요 나라의 수호신이며 독립전선의 영웅이었다.

일본에 대한 원한이 많을수록 조국에 대한 애국심은 뜨거워지고 일본군에 대한 적개심이 커질수록 동포에 대한 동정심은 깊어져서 차마 눈을 뜨고 퇴락하여 적막한 촌락을 지나갈 수 없었다. 이미 나라가 망하였으니 그 누가 고단하고 빈약한 서민대중을 보호할까! 이제는 오직 우리 민군의 승전보만을 애타게 기다리며 한 가닥 희망을 가지고 이 땅에 남아 있는 1천5백만 동포를 생각할 때에 시각을 다투어 일본군을 토벌하지 않을 수 없었다.

그리하여 13도 민군은 용왕 분투하였으니 민토(民討)가 아니고 천토(天討)였으며 한국독립전쟁이 아니고 아시아의 독립전쟁이었다. 항일독립전쟁의 영웅 김동식(金東植) 장군은 지리산에 집결한 호영양남민군에게 훈시하기를 "우리는 지금 사악한 세력을 타도하기 위하여 정의의 총칼을 든 것인즉 우리 민군(民軍)은 천하정의(天下正義)의 상징이다. 그러므로 우리의 사명은 신성하고 그 책무가 막중하니 각자 자애(自愛) 자중(自重)하여 아름다운 명예를 끝까지 더럽히지 말라."고 거듭 당부하였다.

그러나 역적 이완용(李完用)과 자칭통감 사내정의(寺內正毅)가 마침내 소위 한일합방협정(韓日合邦協定)이라는 것을 조인하고 서기 1910년 8월 29일 일본의 군주(君主) 명치(明治)가 소위 합방조서(合邦詔書)를 발표하여 대한독립(大韓獨立)의 희망을 무참히 꺾어버리니 많은 의병장이 피폐할 대로 피폐한 이 땅을 떠나 만주 등 해외로 망명하여 독립의 기회를 기다렸으며 양심적 지식인들은 실망하여 삶을 포기하고 방랑객이 되었다.

이때 매천(梅泉) 황현(黃玹)은 조선왕조가 외척이 세도정치(勢道政治)와 개방망국(開放亡國)에 이르는 역사를 서기 1876년부터 1910년까지 44년간 편년체로 엮어 「매천야록(梅泉野錄)」을 편찬하면서 13도 민군의 독립전쟁일지를 기록하다가 9월 6일 합방소식을 전해 듣고 다음과 같은 시를 쓰고 자결하였다. "새와 짐승이 슬피 울고 바다와 산도 찡그리니 무궁화 세계가 이미 멸망했도다. 가을 등불에

책을 덮고 옛날 역사 생각하니 세상에 지식인 되기 어렵도다." 이러한 비극적 현실에서 13도 민군이 취할 수 있는 길이란 최후의 1인까지, 최후의 1각까지 혼신의 힘을 다하여 독립전쟁을 계속하는 의로운 투쟁뿐이었기에 호영양남민군의 영도자 석정(石井) 김동식(金東植) 장군은 57세 노장(老將)으로 흰 눈이 내리는 12월까지 일본의 간악한 도적행위를 성토하며 전 국민이 총궐기하여 끝까지 싸울 것을 호소하다가 의기가 꺾인 장병을 독려하고 실의(失意)에 빠진 인민을 격려하기 위하여 1910년 12월 27일 마지막으로 훈시하여 '주역'(周易)의 곤복(坤復)의 논리를 설파하고 머리를 바위에 쳐서 장렬하게 자결하여 끝까지 지리산(智異山)을 지키는 수호신이 되었으니 그 훈시는 다음과 같다.

"맹자(孟子)가 말하기를 인간은 스스로 업신여긴 다음에 남이 모독하고 나라는 스스로 분란을 일으킨 다음에 남이 침략한다고 하였으니, 이 순간 우리는 이 말씀을 되새겨서 끝까지 우리만은 한국이 멸망했다는 생각을 털끝만치라도 가져서는 안 된다. 끝까지 나라를 되찾겠다는 정신만 가지고 있다면 한국은 독립을 되찾을 것인즉 그대들은 와신상담(臥薪嘗膽)의 고사를 모르는가!

천지(天地)의 음양운수(陰陽運數)는 돌고 돌아서 소인(小人)의 음기(陰氣)가 극성할 때도 있고 대인(大人)의 양기(陽氣)가 극성할 때도 있는 것인데 소인들의 음산한 세력이 극성할 때에 바로 대인군자(大人君子)의 양강(陽剛)한 싹이 나오는 순간이다. 그러므로 「주역(周易)」에서 박괘(剝卦)의 다음에 곤괘(坤卦)가 오고 또 곤괘(坤卦)의 다음에 복괘(復卦)가 온다고 설파했으니 사시(四時)의 변화하는 절기로 비유하면 박괘(剝卦)는 9월로서 아래의 다섯 음효(陰爻)가 위에 있는 하나의 양효(陽爻)를 박삭하는 현상이고 곤괘(坤卦)는 10

월이니 순음(純陰)의 음기가 득세하는 현상이며 복괘(復卦)는 11월 동지(冬至)달이니 아래에서 일양(一陽)이 발동하여 위로 다섯 음효(陰爻)를 축출하기 시작하는 현상이다.

그러므로 공자(孔子)는 박괘(剝卦)에서 소인배들의 세력이 극성한다고 경계하였고 복괘(復卦)에서는 천지(天地)의 마음을 보라고 격려하였는데 주자(朱子)는 또 서암도간시(瑞巖道間詩)에서 박곤(剝坤)의 시기에 절의(節義)를 지키라고 노래하였으니 '바람이 높고 나뭇잎이 떨어진 늦가을에, 날은 저물어 나뭇가지에 단풍잎도 드물거늘, 오직 푸르고 푸른 골짜기 속에 나무가 있어, 세모의 혹한에 마음과 일이 서로 어그러지지 않는구나.'라고 하였으며 역시 곤복(坤復)의 시기에 희망을 가지라고 주자(朱子)는 또 강매시(江梅詩)를 노래했으니 '큰 눈이 내려 하늘과 땅을 닫았고, 극성한 음기(陰氣)가 아득히 차가운 물가에 퍼졌으니, 그 누가 강남(江南)의 봄소식을 믿으리오만, 이미 명년(明年)의 봄은 시작되었도다.'라고 하였다.

이러한 진리는 영원히 변함이 없어 장차 천도(天道)가 변하고 인간의 양심(良心)이 되살아난다면 사악(邪惡)한 일본은 반드시 멸망하고 우리 한국이 독립하여 아시아의 아름다운 윤리도덕이 회생할 것임을 확신하여 여러 장병은 항상 자애자중(自愛自重)하며 하소연할 데도 없는 우리 민족을 보호하고 협동해서 춘추정신(春秋精神)으로 기어코 원수를 갚아 오늘의 치욕을 씻도록 크게 도모하라. 우리의 부생사는 하늘이 보고 있고 또 지하에 있는 독립전쟁의 영령들이 지켜보고 있다는 것을 명심하라."

나라를 빼앗긴 겨울 산 속에서 항일 독립전쟁의 영웅 김동식(金東植) 장군의 자결은 독립군장병의 비통이고 나라를 잃은 민중의 경악이었다. 장군의 휘하 장병들은 전북의병대장 이석용(李錫庸) 장군과

상의하여 태극기로 관을 덮어서 엄숙한 장례식을 거행하고 지리산 줄기에 은밀하게 안장하여 호국의 신으로 받들며 독립전쟁의 필승을 맹세하였으니 나라가 멸망하는 위기를 당하여 산림학자양반으로서 분연히 궐기해서 장장 3년 5개월 동안이나 불철주야 무장 항전을 적극적으로 전개하여 승리로 이끌다가 끝내 장렬하게 순절한 김동식 장군의 기상은 항일독립사상의 극치로써 역사에 길이 빛나는 민족의 얼이라고 할 것이다.

5. 1907~1910 독립전쟁의 역사적 의의(意義)

19세기 말로부터 20세기 초에 이르는 서구열강(西歐列强)의 침략 정책에 편승한 일본의 군주(君主) 명치(明治)와 군국주의(軍國主義) 세력은 서기 1902년 1월에 체결한 영일공수동맹과 1905년 7월에 미국과 일본이 맺은 가쓰라-태프트 밀약(密約)에 고무되어 1905년 11월 17일에 일본이 일방적으로 발표한 을사5륵약(乙巳五勒約)과 1907년 7월에 발표한 정미7륵약(丁未七勒約) 및 그 비밀부수각서(秘密附隨覺書)로 대한제국(大韓帝國)의 주권(主權)을 약탈(掠奪)하는 만행(蠻行)을 저질렀다.

아시아가 몰락하는 이때에 우리나라의 최익현(崔益鉉) 의병대장(義兵大將)은 국가신의론(國家信義論)을 주장하면서 대마도(對馬島)에서 아사(餓死)하였으며 일본의 유림(儒林) 서판풍(西坂豊)은 평화공존론(平和共存論)을 주장하고 또 중국의 유림(儒林) 반종례(潘宗禮)는 한(韓), 청(淸), 일(日)의 3국 협력론(三國協力論)을 주장하면서 모두 우리나라에 와서 일본군경의 철수를 호소하며 차례로 보신각(普信閣)에 올라가 투신 자결하였다.

동양의 평화를 길이 보장하여 동방예의문화(東方禮義文化)를 수호하려는 우리나라의 산림학자양반(山林學者兩班)은 분연히 궐기하여 해산군인(解散軍人)과 힘을 합쳐 총 30만 의병(義兵)이 전국 방방곡곡에서 대일항전(對日抗戰)을 선포하고 연일 연전하니 일본 통감부는 즉각 서당(書堂) 폐쇄령을 발표했다.

10만의 산림학자양반과 110만의 유생(儒生)의 열렬한 지원 아래 1907년부터 1910년까지 장장 3개성상(三個星霜)에 걸쳐 대한독립을 위하여 결사 항전했던 많은 의병(義兵) 가운데 가장 혁혁한 공적을 세우며 왜군(倭軍)의 주력부대와 영웅적으로 싸우다가 장렬하게 순절한 민군 지휘자는 지리산(智異山)을 중심으로 호영양남민군(湖嶺兩南民軍)을 총지휘한 석정(石井) 김동식(金東植) 장군과 13도민군원수부(十三道民軍元首府)의 총대장 이인영(李麟榮), 군사장(軍師長) 허위(許蔿), 호서창의대장(湖西倡義大將) 이강년(李康秊) 장군이 유명하였다.

서기 1905년 을사5륵약을 강제 발표한 뒤로 1910년 경술국치(庚戌國恥)까지 5년간 13도에서 우리 민군(民軍)이 항일독립전쟁에서 보여 주었던 위대한 투쟁은 우리나라 5,000년 민족사에서 일찍이 보지 못했던 빛나는 항쟁사였고 세계에서도 그 유례가 없는 조직적 무장투쟁이었다. 임진왜란(壬辰倭亂) 때의 의병(義兵)은 정부의 지원을 받아 관군(官軍)과 합세하면서 명(明)나라의 지원이 있었지만 구한말(舊韓末) 13도민군(十三道民軍)은 관군(官軍)이 이미 강제해산을 당했고 또한 정부도 일본의 앞잡이가 되어서 오히려 민군(民軍)을 적대시했으며 더욱이 외국으로부터도 아무런 지원이 없었고 또한 많은 친일파와 일진회원이 들끓은 가운데 오직 유림(儒林)과 민중만의 은밀한 지원과 협조에 의지하여 장구한 투쟁을 계속했던 것이니 납세를 거부하고 토지대장을 불태우며 일본 통감부를 소탕하여 이완용

괴뢰정권을 전복하려고 도모할 뿐만 아니라 미곡 수출을 반대하고 외래상품 불매운동을 전개하며 일제의 토지 침탈 및 그 지주 경영을 반대하여 일본인 대농장과 일본인 지주의 소작료 징수원을 처단하고 나아가 일본인 관리는 물론 일진회원과 친일파 관리를 단죄하여 민족의 정기를 높이 선양함으로써 우리나라 독립투쟁의 이정표를 세웠다고 할 것이다.

불타는 애국심과 정확한 시국인식에 기초하여 반제(反帝) 반침략(反侵略)을 주장하며 현대무기로 무장한 일본군과 전면전을 전개하여 백전백승하였으니 아직 우리 독립군이 사방에 건재했던 1911년도에 일본군의 통계에 나타난 것을 보아도 13도 민군이 일본군과 전투한 연병력이 14만 명이 넘고 우리 민군의 토벌 횟수가 3,000여 회였으며 일본군이 확인한 우리 민군의 전사자만도 17,779명이라고 밝혔다. 일본군의 피해도 이에 못지않았으므로 이를 보복하려고 일본은 포로가 된 우리 민군의 장수를 모두 내란죄로 얽어 사형시켰으며 그들이 노획한 총만 해도 1만 정에 육박한다고 하였으니 당시 양총 1정을 사는 데 소 한 마리가 소요된 것을 생각하면 실로 민주, 민권, 민생을 쟁취하기 위하여 민족영웅들이 불타는 「춘추(春秋)」정신을 드날려 민족의 역량을 총동원한 독립전쟁으로 재평가해야 마땅하다.

(桑村新報 2004. 10. 25 계제)

석정 김동식 장군 창의 100주년 기념 대제전 축문

維檀君紀元四千三百四十年 光復解放六十三年 歲次丁亥九月朔戊寅二十四日辛丑 韓國東洋文化研究所長 徐正淇謹告于 抗日獨立戰爭英雄石井金東植將軍之靈

惟 靈

在昔已未 忍說勒約 五及七條 我邦束縛
群陰孔熾 天地暗黑 亂賊橫行 宗社蕩覆
先生倡義 馳檄糾旅 慷慨一呼 山林共許
智異屹屹 氣勢衡天 蟾津滔滔 陣形實堅
民族自主 吾道責務 大韓獨立 戰爭宣布
神出鬼沒 晝夜討賊 銃劍霜耀 制勝頃刻
衛正斥邪 賢作元首 湖嶺解放 三年死守
倭敵震驚 變裝偵探 衆寇侵虐 亂入二南
殺傷無人 凶鋒莫嬰 戰線瓦裂 將帥焉生
自決殉國 流血斂髮 氣作山河 光貫日月
乃後從公 移孝爲忠 名全雙節 傳家遺風
歲星百周 紀念祭典 牲幣載潔 籩豆式陳
景仰肖像 白虹洋洋 英雄眞彩 千秋餘芳

〈번역문〉

때는 바야흐로 단군기원 4340년 광복해방 63년 세차 정해 9월 삭무인 24일 신축(서기2007년 11월 3일) 한국동양문화연구소장 서정기는 삼가 항일독립전쟁의 영웅 석정 김동식 장군의 신령에게 알리나이다.

오직 신령이시여
옛날 을사년과 정미년을 살피건대 차마 늑약을 말하리까
5조 및 7조로 우리나라를 속박했나니
여러 음흉한 기운이 매우 치열하여 하늘땅도 캄캄한 암흑시대
난신적자가 횡행하여 종묘사직을 뒤엎을 때에
선생이 의병을 일으켜 격문을 돌리고 군대를 모집하며
비분강개하여 한 번 웨치니 산림학자 양반이 함께 허락하거늘
지리산은 우뚝 솟아 기세가 하늘을 찌르고
섬진강은 도도하여 진형이 충실하며 견고했도다
민족의 자주는 우리 도학의 책무일새
대한독립의 전쟁을 선포하시고
신출귀몰한 전술로 불철주야 도적을 토벌함에
총칼이 서리발처럼 번쩍하면 경각간에 승리했도다
정의를 수호하고 사악을 물리침에는 어진이가 원수가 되므로
호남과 영남을 해방하여 3년을 사수하니
왜적이 진동하며 놀라서 변장대와 정탐군을 편성하여
무수한 떼도적으로 포학하게 침노하며 어지럽게 3남에 들어와서
거침없이 죽이고 해침에 흉악한 칼끝이 어린아이도 모르거늘

전선이 무너저서 흩어지니 장수가 어찌 살리오
자결하여 나라를 위해 죽음에 흐르는 피로 시신을 거두니
기운은 산과 내가 되고 빛은 해와 달을 꿰뚫었도다
자손도 공을 쫓아 효심을 옮겨 충성하였으니
명예가 온전하여 한 쌍의 절개인즉 집안에 전해 온 상촌공의 유풍이로다
올해는 창의 100주년으로 기념하는 제전을 개최하온바
희생과 폐백이 바야흐로 정결하고 여러 가지 음식을 경건히 진설하나이다
사모하여 초상을 우러러보니 흰 무지개가 성대하게 충만하므로
영웅의 진실한 광채가 천추에 남아서 향기로우리라.

지리산 대제전 헌시 2수

류영렬

(1)

임께서 순국한 지 백주 년 맞이하여 지리산
정령치(鄭領 峙) 설치(設祭)하고 첫 향화 올리오니
고혼은 강림하시여 기꺼이 흠향하소서.

향탑 전 머리 숙여 옛 난리를 생각한다.
왜구의 침략으로 삼남이 무너지니
온 나라 암흑천지이니 공께서 창의했다.

필봉을 내던지고 창검 들고 일어서니
태극기 깃발 아래 의병이 운집했다.
왜구를 이 땅에서 몰아낸 지리산 수호신

주재소 습격하니 화염이 충천했고
패주구(敗走寇)토벌할 때 피로 물든 섬진강
적시(敵屍)가 산을 이루니 의장깃발 휘날렸다.

풍찬(風餐)에 노숙(露宿)하며 구국일념 불태우다
정미늑약 항거하여 자결로 표충(表忠)했다.
지리산 전적지 돌아보며 임의 정신 새긴다.

왜적을 물리치려 섭월산청(涉越山川) 격전할 때
전의가 충천하니 산천도 감동했다.
강산이 피로 붉으니 하늘도 울었다네.

공께서 남기신 뜻 향탁 전 사기노니
오늘의 이 나라가 선열유혼 후광임을
살신(殺身)의 호국정신을 천추에 이을진저.

2007.11.3

석정 김동식장군 창의 백주년 기념 지리산 설제

(2)

석정께서 창의한 지 백 주년 맞이하여
제단을 마련하고 향 사르며 그때를 회억한다.
명을 주며 진충할 때 유족 생각 겨를 없고
몸을 던져 구국할 때 척왜가 먼저였다네.
섬진강 전적지에 임의 신령 노는 것 같고
지리산에 혼이 머무시니 영기가 울연하구나.
감히 말하노니 원모가 없었다면 오늘이 어찌 있으리오.
위대한 공적을 현양하여 천추에 전하세나.

石翁倡義百週年
設祭焚香憶故天
授命盡忠遺族外
捨身救國斥倭先
蟾津戰跡公遊若
智嶽魂留氣蔚然
敢說無謀今奈在
顯揚偉勳永秋傳

姓名: 柳暎烈 本貫: 文化
職位: 전성균관전학
住所: 서울 금천구 독산3동 899－17 도산빌딩 4층
電話: 016－209－3090

석정 김동식 장군 창의 백 주년 기념 지리산 대제전 광경 1 (2007.11.3)

석정 김동식 장군 창의 백 주년 기념 지리산 대제전 광경 2 (2007.11.3)

● 저자 ●

서정기(徐正淇)

4.19혁명 선봉 및 민족통일전국학생 성대조직위원장
한국유학연구회 유교사상 편집인, 동양문화연구소 연구실장, 성균관 전학(典學)
한국청년유도회 회장 - 예법(관례, 향음주례, 사상견례)부흥운동 전개
동양문화연구소 부소장 및 소장 - 세계 속의 한국학운동 전개
건국대학교 대학원 철학과 박사학위 심사위원
민중유교연합 의장 - 한글제사축문 보급운동 전개
성균관유교진흥대책위원회 위원장 - 도덕성 회복과 새사람운동 전개
성균관유교문화연구위원회 위원장, 태학지 번역분과 위원장,
민주평화통일 자문위원회 상임위원, 성균관 유교신보 편집인 겸 주간 역임,
삼경역주 성균훈로상 수상, 성균관 태학지 번역공로상 수상
현 동양문화연구소 소장, (사)한국예절교육협회 상임고문, 김동식 장군 기념사업회 상임고문

• 주요 저서 •
『세계 속의 韓國文化』, 『세계 속의 韓國精神』, 『세계 속의 韓國儒教』,
『세계 속의 韓國禮節』, 『세계 속의 韓國流風』, 『정통가정의례』, 『민중유교사상』,
『전기소설 공자』, 『새시대를 위한 대학 · 중용』, 『새시대를 위한 춘추』(상 · 중 · 하),
『새시대를 위한 시경』(상 · 하), 『새시대를 위한 서경』(상 · 하),
『새시대를 위한 주역』(상 · 하), 『새시대를 여는 길』, 『根源探索』, 『도학통론』,
『성혼록』, 『김동식 장군』, 『아침햇살 영롱한 대나무 열매』,
『하늘로 날아라 못으로 뛰어라』
훈로 서정기 선생 『유교대전』 29권 외 다수
전자책 출판 www.kstudy.com

항일독립전쟁의 영웅 석정 김동식 장군 창의 백 주년 기념

민족 정기 선양 시집

• 초판 인쇄 | 2007년 12월 15일
• 초판 발행 | 2007년 12월 15일

• 엮 은 이 | 서정기
• 펴 낸 이 | 채종준
• 펴 낸 곳 | 한국학술정보㈜
경기도 파주시 교하읍 문발리 513-5
파주출판문화정보산업단지
전화 031) 908-3181(대표) · 팩스 031) 908-3189
홈페이지 http://www.kstudy.com
e-mail(출판사업부) publish@kstudy.com
• 등 록 | 제일산-115호(2000. 6. 19)
• 가 격 | 20,000원

ISBN 978-89-534-7959-3 94150 (Paper Book)
978-89-534-7960-9 98150 (e-Book)
89-534-2428-3 94150 (Paper Book set)
89-534-2459-3 98150 (e-Book set)